泡

旅行没有方法论

我们有100种方法『杀时间』

《孤独星球》杂志 著

中国地图出版社
北京

目录

轻松“杀”掉半天时间

如果只有 1 天

建筑之美，值得3天

海水里面泡7天

住下来，住很久

序·把旅行作为方法

阿兰·德波顿（Alain de Botton）在《旅行的艺术》一书中讲述了一段于斯曼小说中的故事情节：足不出户的厌世贵族德埃·桑迪斯公爵独居于巴黎市郊，以阅读文学经典为主业。一天清早，一本狄更斯的小说引发了公爵对英国人生活的强烈兴趣，于是他突然决定到伦敦旅行——说走就走，他收拾行装，坐上火车就来到巴黎，买好了前往伦敦的火车票。离出发还有一些时间，公爵走进一家书店买了本《伦敦旅行指南》，又在附近一间常有英国人光顾的酒吧打望了一阵，想象着狄更斯小说中的场景，然后来到隔壁的英式小餐馆享用食物。但是，突然间，桑迪斯公爵怀疑起自己来：真的到了伦敦，是不是也就这样了？除了疲惫、厌倦和新的失望，还能期待什么呢？既然一个人能够坐在椅子上捧书漫游，又何苦真的出行？“我居然不肯相信我忠实可信的想象力，却像老笨蛋一样相信到国外旅行是必要、有趣和有益的！”于是，说回就回，他搭上最早的一趟火车又回到了他的居所。

看到这个故事，我的耳边立刻响起了 Lonely Planet 创始人托尼·惠勒（Tony Wheeler）关于旅行的那句经典名言：“只要决定出发，最困难的部分就已结束。那么，出发吧！”显然，公爵大人没能越过这一关。

从表面上看，桑迪斯公爵没能出发完成一次真正的旅行，是因为他无法承受美好想象和实地旅行之间可能出现的落差。然而，走出自己惯常的生活，前往一个陌生的地方旅行，前方充满未知性和不确定性，由此而产生的焦虑和不安全感，可能才是他无法克服的真正挑战。

从另一个角度来说，知识的获取可以归纳为三种方式，“亲知”“闻知”和“说知”，即亲身感知、他人告知和逻辑推知。读书属于第二种，旅行属于第一种。从发心起意到动身上路，其实是跨越认知方式的一大突破，而出发就是实现这个转换的开关。公爵没能启动这个开关，就像没能打开旅行的魔法大门——没错，带着眼耳鼻舌身意这全副人类装备，去现实世界亲证色声香味触法的绚丽饱满，才是真正的魔法。知识是头脑的事，只有通过自己的行动切身体验到了，才能真的成为认知，因为懂得，所以能够更好地理解世界。这可能就叫“非知之艰，行之惟艰”吧。

如果对旅行这桩事作个拆解，大约可以将其划分为起心动念、制订计划、实地旅行、返程回顾这四个部分。作为与有“旅行圣经”美誉的Lonely Planet合作了10年的出版者，我们很荣幸自己出版的数百种图书和杂志能够几乎全程参与这四个部分：有趣的图文，激发愉悦的阅读体验，为他日去往某地“种草”；有用的具体信息，为旅行者行前谋划和制订攻略提供翔实资料，也是旅途中的实用向导；旅行结束，它们仍然可以发挥余热，成为你追忆旅程的线索和记录写作的参考。

这一套“旅行没有方法论”系列小书，每篇文章都是来自Lonely Planet作者的“亲知”，其名称传达的是这样一种理念：旅行本身并不存在什么特定的方法，你以自己喜欢的方式去做就好。这套小书，延续着“负责任的旅行，有态度的探索”精神，其所讲述的旅行不只是单纯的“目的地”游览，更是一种对外部世界的情感探知，是充满思考和分享的过程。为了打破以目的地来分类的概念，我们甚至选择了不同寻常的视角来破题，比如以“冷”“热”这样的感官觉受来切入，以开启我们发现世界的独特旅行体验。

虽然旅行没有方法论，但我们不妨把旅行作为方法，去探寻世界，遇见未知，拓展自己的认知边界。根据量子力学的“不确定性”原理，观测者的观测行为本身，是可以影响到被观测粒子的实验结果的，这样的话，旅行者就可以把自己作为一个变量，亲身参与到旅行这场由践行而体认的事件中去，以那个当下的“此身，此时，此地”，创作出一个与任何一本书中描写都不同的专属于自己的独特旅行故事。

BBC纪录片《万物与虚无》（*Everything and Nothing*）认为，“人类的存在就是宇宙了解自身的方式”，那么在这篇东拉西扯的序文结尾，请让我套用一下这个高级的句式：旅行也是我们了解自身的方式。

至于怎样旅行，你说了算！

LP项目部总编辑
中国地图出版社

轻松 “杀” 棒

目前市场上打着猫屎咖啡旗号的咖啡，十有八九为假冒

『没有人可以从掌握3214种谋杀方法的书店偷走一本书。』

即使到了未来，即使遍地机器人，你们也离不开纸质读物

这是一座收集记忆的时光屋

Shaman可不是一家『猫咖啡馆』

殖民者走了，咖啡文化却留了下来

等待这样一杯咖啡，差不多需要10分钟

通常来说，我一天至少需要5次这样的『大妈鼓励』

半天时间

当物件失去了主人的注视，它会以更快的速度伤心老去

『傲娇』就是这只茶碗当时的表情

这些流连世间的东西，本不属于自己

买与不买，都要想清楚有没有后悔药啊

○ Strand 书店

曼哈顿书店留灯

文○泽静
图○泽静、视觉中国

书店正在安静地退出世界舞台。
然而在纽约曼哈顿岛，
特色不一的独立书店依旧在都市角落里暗自绽放，
吸引世界各地的书店迷前来寻访墨香。
这个连街边流浪汉都在阅读的地方，
还保有怎样的纸质情怀？
这六家书店也许能给你答案

Strand Bookstore
808 Broadway，
New York，NY
10003

“18 英里图书”，明星也青睐

这家“明星”书店是作家翁贝托·埃科在纽约最爱逛的地方，喜剧明星拉塞尔·布兰德在书店二楼有一处安静的阅读角落，书迷们还曾在此捕捉到演员罗伯特·帕丁森、美国前总统克林顿的身影。

它不仅是纽约最大的独立书店，也是美国最大的二手书店。自 1927 年以来，每天上午 11 点都有人守在街口等待它开业。当初，创始人本·巴斯怀揣 300 美元从家乡到纽约开创书店事业，而今天，这里已然是纽约几代读书人的天堂。书店藏书之多，据说排起来有 18 英里（约 29 公里），甚至更长，因此获得了“18 英里图书”的雅号。

书店所在的上西区曾是蕴含复古的奢华情调、彰显高级知识分子品位的地区，偌大的第四大道曾拥有近 50 家风格不同的书店，在这条街上连走路都在阅读的人不在少数。如今，如流星闪逝的书店中只留下为数不多的名字，Strand Bookstore 仍保有自我风骨。

二手书一直是书店的特色。90 多年来书店门外一直摆着几排“图书推车”，推车里的所有二手书都以 1 美元的价格出售，以比一杯咖啡还便宜的价格滋养着阅读。这里的每一个店员都是书迷，负责稀有图书的店员会拿出一套网络上都查不到的绝版书目，就它们的魅力侃侃而谈。

此外，书店层出不穷的花样活动也很吸引年轻人，不知你是否了解最近几年火爆的“Hot Dudes Reading”（美男读书）——一批年轻美男在地铁捧着书阅读。这一幕曾红遍社交网络，而这正是书店创意部的得意之举。这个会玩的书店还提供结婚典礼场所服务。想象一下，在两人相遇的书店举行婚礼，还有比这更文艺的婚礼吗？

拆解和重组，独立书店的独特美感

书店的女主人 McNally 和男主人 Jackson 既是编辑同行，也是情侣。McNally 自小在加拿大父母经营的书店中长大，后来到纽约成为编辑之后，她邂逅了同行 Jackson，谈及未来和梦想，他们几乎一拍即合，于是创立了这间曾被《纽约时报》赞为“希望之光”的书店。

店内书架栏按国别分类，每一本图书都经过男女主人的严格挑选才能得到“上架资格”，也正因如此，每一本书都传递着他们的价值观——独立、国际化与好奇心。书店会定期举办文学沙龙或读书会，还会向出版界推荐即将在下一季热卖的书目。

书店一层的左侧是一家面朝街区的咖啡店。McNally 本就对艺术设计有超高的审美直觉，她还邀请了纽约著名的设计工作室 Front Studio 参与咖啡店的设计。店内设计很特别，墙面铺满书页，甚至连吊灯杆上也点缀着拆散的图书。尽管有人认为这样的设计包含了拆解图书的寓意，McNally 还是坚持了她对书店文化的理解——任何文化都可被拆解，也

McNally Jackson Bookstore
52 Prince St, New York, NY 10012

McNally Jackson 书店

Barnes & Noble
97 Warren St, New York, NY 10007

Barnes & Noble 书店

可以重组成新的美感。

事实证明，咖啡店的设计得到了咖啡客和书店迷的共同赞赏，一时成为纽约的网红打卡地，据说知名女歌手泰勒·斯威夫特也曾多次到书店拍照寻找灵感。

第五大道上的超级巨兽

在第五大道散步，可以欣赏帝国大厦或洛克菲勒大厦的高耸塔尖，也很容易遇见路边的 Barnes & Noble 书店。

作为奢侈品云集的第五大道上唯一的一家书店，它自然财力丰厚。1980 年至 1990 年 Barnes & Noble 在美国开设了 400 多家书店，鼎盛时达到上千家实体书店。如今它仍然是美国最大的图书零售商，仅在纽约的曼哈顿就保留着十几家店。

与其他拥有超多故事的独立文艺书店不同，这里从未掩饰自身的商业气息。3 层楼高的书店中有近 20 万种图书，这些书也会根据销售情况不同，而迅速进入加印或打折模式。店员训练有素，非常注意销售技巧，他们殷勤的问候会让我突然琢磨：对他们来说，谈论图书打折力度的乐趣会不会更胜于在文字中漫游的乐趣？

书店还提供销售排行榜和书单推荐目录，街边橱窗里陈设的图书更像为第五大街的白领们准备的商业推荐书榜。走进书店的人往往会挑一面看得见新世贸大厦的落地橱窗，然后就地坐下来歇一歇脚，读一读书。

优雅的美食书店

走进曼哈顿东村的偏街小道，少了喧闹的街头嘻哈舞团，也没有肆无忌惮地躺在路边的流浪汉，连街头涂鸦的色彩也多了一份冷静，和缓清新的气质扑面而来——这可真不像奢侈品店遍地、白领云集的商业化曼哈顿。

书店店主 Bonnie Slotnick 自诩为疯狂的女人，因为她敢在纽约开一家关于美食与烹饪的独立书店，店里卖的还都是些古董级别的书。在 30 多平方米的书店中，随处可见她收藏的老家具，以及刺绣餐巾、玻璃制品等小物件。推开书店大门的瞬间，门上铃铛清脆的一响，我仿佛穿越时空进入了一家玲珑纤巧、轻快华丽的洛可可风格书店。

Bonnie 用她的勤勉和乐观欢迎所有到访者——她会仔细研读书店收藏的食谱，然后举行品尝会。周末下午，在 Bonnie 书店后门的漂亮后花园里总是聚满烹饪爱好者，他们会一起探讨延续了几百年的烹饪方式。Bonnie 还会热情地向人们推荐周围小店和社区活动，并给所有顾客送上精美的紫色小册子。

Bonnie Slotnick Cookbooks
28 E 2nd St，New York，NY 10003

○ 美食书店

Mysterious Bookshop
58 Warren St, New York, NY 10007

神秘先生在哪里

Mysterious Bookshop 应该称得上最神秘的书店了，店铺有一块著名招牌，写着："没有人可以从掌握3214种谋杀方法的书店偷走一本书。"

店主 Otto Pentzler 是这家书店的神秘先生，也是纽约拥有悬疑小说最多的人。他认为，书店不只是卖书的场所，更承载了一种乐趣。谁会想到在书店里还藏着遗书或藏宝书，甚至还有玩具手枪呢？当然，也总是有读者贪玩，试图想躲过店员锐利的目光，用尽一切办法从店里"偷"走一本书。

时间在此缓慢流动，店员的脚步声轻得不易察觉，即便外面人声鼎沸，店内也始终保持着沉静的清冷气氛，真是读最新悬疑小说的绝佳之处。

这家书店还有一件有趣的活动：神秘先生每年都向知名悬疑作家约稿，要求故事必须是圣诞节杀人事件，且必须发生在这家书店里……这本小说会被当作圣诞礼物送给客人，人们争相到书店寻访书中原型，神秘先生也会在圣诞节当天出现在店中。

怀旧的慈善书店

Housing Works Bookstore Cafe & Bar
126 Crosby St, New York, NY 10012

这间独立二手书店隶属于一家名为 Housing Works 的慈善机构，所有书籍都来自捐赠，店内员工也多为志愿者。书店的全部收益都会用于慈善活动。

两层楼高的书店内还保有20世纪的复古环形木梯，一楼大厅里不仅有书架和书墙，还有充满芬芳香气的咖啡座，二楼是围栏式设计，坐在这里也可以尽览大厅风光。这家书店里出售的都是旧版旧书，充满复古气息。不少客人喜欢坐在2楼角落，点杯咖啡，读书自习或寻找写作灵感。走出书店就是纽约著名的古着潮店街了，这里汇集着国际买手以及潮牌专营店。

东南亚咖啡地图

○ 吉隆坡美真林咖啡馆

在南纬 25 度到北纬 25 度之间，
生长着一种神奇作物，
由这作物制成的魔性饮品，
让亿万地球人为之疯狂
——它，就是咖啡。
而在亚洲，
处于咖啡带黄金位置的东南亚，
有着 4 个世纪的咖啡种植历史、独具特色的处理法、
设计精美的店铺、中西融合的餐饮文化，
是名副其实的“咖啡金矿”。

印度尼西亚：被遗忘的咖啡之乡

文 ○ 王元
图 ○ 视觉中国

1696 年，荷兰人将咖啡树带到了雅加达试验种植，竟意外获得巨大成功。1711 年，第一批来自印尼的咖啡行销到阿姆斯特丹，自此风靡欧洲，印尼成了继也门之后第二个商业咖啡产地，甚至早于巴西。

口味变迁

从树种上而言，咖啡只有3种：埃塞俄比亚的原产品种——阿拉比卡种（Arabica），来自刚果的罗布斯塔种（Robusta），以及产量较低的来自利比里亚的利比里亚种（Liberica）。

一开始，印尼的咖啡树都是阿拉比卡种，这个千岛之国多变的地理环境，让每个岛的咖啡风格都独具特色。但是在1877年，咖啡锈病席卷印尼，大量的咖啡树染病死亡。为了保持出口的产量，当地只能引进抗病能力强的罗布斯塔种代替阿拉比卡种。所以，至今印尼85%的咖啡树为罗布斯塔种，仅有15%是阿拉比卡种。

罗布斯塔种的豆子无论产自何处，味道都是极其稳定的，而最后的咖啡成品味道如何则完全取决于人工处理的方式。对比起来，阿拉比卡种则不同，海拔、阳光、降水、土壤等因素变化，都会导致豆子的味道大不相同，所以人们会用不同的名字来为不同产地的阿拉比卡种咖啡豆命名，这也定义了这些散布于全球各地的咖啡豆的独特风味。

在这个崇尚个性的年代，精品咖啡的出现给了罗布斯塔种咖啡致命一击，它稳定的口感在追求新奇的现代人眼中失去了吸引力。而味道多变的阿拉比卡种咖啡豆则大受追捧，耶加雪菲、巴西日晒、哥斯达黎加蜜处理等，成了城市青年的新欢。而印尼这个罗布斯塔种咖啡豆的高产区，也只好沦落为大众眼中二流的咖啡产地。

麝香猫咖啡

随印尼麝香猫粪便排出的咖啡豆，由于蛋白质被破坏，产生了短肽和更多的自由氨基酸，在排出时也沾染了麝香猫分泌的油脂，口感更具层次。

由于麝香猫数量稀少，500克麝香猫排泄物中只能提取出约150克咖啡豆，每年自然状态下生产出的猫屎咖啡豆不超过400千克，千金难求，所以有人就打起了圈养麝香猫的主意。在猫屎咖啡的血腥生产方式被纪录片爆出后，全球掀起了一场抵制猫屎咖啡的运动，使得猫屎咖啡的评价开始两极分化。目前市场上打着猫屎咖啡旗号的咖啡，十有八九为假冒，尤其是已经磨成粉的咖啡。若是有意一试，可前往苏门答腊岛，喝一杯野生麝香猫自然生产的Kopi Luwak。

○ 手冲咖啡

成也湿刨法，败也湿刨法

印尼有一套独特的咖啡豆处理方法——湿刨法（Wet Hulling）。

它的具体做法是：当地人在去除果皮和果肉后，会保留咖啡豆的黏膜，将其放入水池发酵 12 ~ 36 小时。待发酵结束取出豆子后，洗去黏膜，再裹上羊皮纸暴晒 2 ~ 3 天，在生豆含水量降到 20% ~ 24% 时，刨去羊皮纸，使生豆的含水量降低至 12% ~ 13%，到这个程度，就算是完成处理了。

用湿刨法处理出来的咖啡，口感醇厚而强烈，带有浓郁的草本味道，无论是直接饮用还是加糖、加奶，甚至与其他咖啡混调，都不会有损其风味。

湿刨法的出现降低了生豆处理的难度，减少了日晒时长，使得印尼咖啡豆的成本大大降低。不过这种方法也有缺点——用湿刨法炮制的豆子容易受创裂开如羊蹄状，被各类真菌污染的概率也大增。很多不良厂商为了节约成本，大量进口瑕疵豆，如此一来，印尼咖啡的口碑在国际市场上也一落千丈。

若你前往印尼，一定要喝上一杯由 G1 级别湿刨法咖啡豆制作的咖啡。

在蓝山咖啡问世之前，来自印尼苏门答腊岛的曼特宁咖啡，因其饱满的外形和醇厚的口感，一直被夸张地称为“咖啡界的至尊”。

曼特宁其实是印尼一个种族的名字。日据时代，一位士兵在印尼饮到一杯难忘的咖啡，问老板咖啡的名字。由于语言不通，老板误认为是询问其种族，便随口答道“曼特宁”。“二战”后，这位士兵转而行商卖咖啡豆，最终将曼特宁推向世界。

公认最优质的曼特宁出产于苏门答腊岛中北部多巴湖（Lake Toba）附近的林东地区，是经历了咖啡锈病而幸存的阿拉比卡种。

林东山区 1200 ~ 1500 米的海拔，赋予曼特宁咖啡丰厚的口感——初尝极苦，放再多糖也无济于事，但是你能闻到咖啡中微微的巧克力香，这种独特的香气会让你精神一振。只有细细品尝的人，才能体会到其后调的甘甜。

与其他咖啡不同，湿刨后储存 2 ~ 3 年的陈年曼特宁豆，在经过深度烘焙后酸度会降低，口感更加醇厚细腻，容易入口，回甘，有种松木混合可可的独特香气，也更受咖啡师们的追捧。黄金曼特宁和老虎曼特宁等精选品种也各有其风味。

/ 雅加达咖啡馆推荐 /

Giyanti Coffee Roastery

雅加达最专业的咖啡店之一，也是印尼很多咖啡店的咖啡豆供应商，在这里，你可以尝试由不同的咖啡豆磨制、冲泡出的咖啡。

雅加达，Menteng，20 Jl Surabaya

黄记咖啡馆

黄记咖啡馆（KOPI OEY）位于一栋粉红色独立小洋楼内，由广东华人的后代开创。20 世纪的美女广告海报已褪色，桌椅摆设宛若港式小店。店里豆子品类不少，都来自印尼各岛。这里的咖啡有 3 种萃取方式可供选择：土耳其式、法压式和越南滴滤。

雅加达，Jln. Gajah Mada no 188

○ 工作中的咖啡师

寻味印尼

Tabalek 咖啡

这是来自苏门答腊岛上著名的咖啡豆产地亚齐（Aceh）地区的一种咖啡，在饮用咖啡时，人们将装着咖啡的杯子倒扣在敞口茶托里，顾客只能用吸管享用咖啡。据说这样的设计，既保持了咖啡的温度，又免于咖啡接触空气有灰尘落入，饮用起来更为惬意。

榴莲咖啡

榴莲咖啡来自北苏门答腊岛，融合了榴莲、咖啡和炼乳的口感。Mandailing 咖啡和 Sidikalang 咖啡是其中的典型代表。将咖啡与炼乳混合，然后放入榴莲，使榴莲不再具有强烈的气味。在南苏门答腊岛，榴莲则与水、咖啡和糖煮制在一起。

烧炭咖啡

烧炭咖啡（Joss Coffee）是日惹咖啡的代表，咖啡中加入热木炭，混合时会发出像“Joss”一样的声音，由此得名。木炭会沉入咖啡杯底部，让咖啡味与木炭味充分结合，产生一种焦糖般的香味。路边摊上一杯烧炭咖啡的价格约合人民币 2 元。

Rarobang 咖啡

Rarobang 咖啡产自马鲁古省 (Maluku) 首府安汶市 (Ambon)，是当地的代表饮品，用阿拉比卡咖啡为原材料，含有生姜、丁香、肉桂、糖、柠檬草和豆类的成分。安汶本地产出的浓郁香料混合了咖啡香气，在饮用时撒上烤胡桃仁，咸味、苦味和甜味混合而成的口感十分独特。

马来西亚 & 新加坡：
Kopitiam 里的南洋咖啡文化

文 ○ 丁正如意
图 ○ 丁正如意、各咖啡店、视觉中国

南洋咖啡是马来西亚、新加坡两国的特产，也是流淌在马新人身体里的血液。早上一杯香醇的南洋咖啡，搭配咖椰吐司，再加一颗淋上酱油的半熟蛋，马新人的一天就此开始。

充满人情味的 Kopitiam

在咖啡文化氛围浓郁的马来西亚与新加坡，从来都不缺乏知名品牌的咖啡连锁店。但若想体验地道的南洋咖啡文化，还是得去当地独有的南洋咖啡店 Kopitiam 探索一番。

走进古色古香的 Kopitiam，挑高屋顶上悠悠转动的吊扇掀起移动的光影，色彩鲜明的马赛克地砖记录着人们来来往往的足迹。拿起厚重的托盘陶瓷杯，小啜一口当地的特色咖啡，伸个懒腰，环顾四周——当地人或是独自摊开报纸细细品读，或是围坐在云石桌前一起闲话家常……一幅灵动活泼的南洋生活画卷就此展开。

与别处的咖啡馆不同，Kopitiam 除了售卖饮料小食，大多还附设

○ 南洋早餐

鸡饭、叻沙、云吞面、炒粿条等多家美食摊位，开辟了城中极具市井风情的一方天地。而 Kopitiam 一词本身，也极具南洋多民族融合的特色——它是结合马来语 / 闽南语中的咖啡（kopi）和闽南语 / 客家话中的店（tiam）而成的混合词，也是糅合了西方生活方式与东方经营创意的产物。

南洋咖啡文化的形成与华人下南洋的历史密不可分。可以说，一杯南洋咖啡里，藏着南洋华人垦荒开拓的奋斗史。尤其是 1860 年华工出洋合法化之后，马新两国华人数目激增，并在当地逐渐形成五大帮派：福建帮、潮州帮、广府帮、客家帮和琼帮。前四大帮派捷足先登，垄断了当地高利润行业，而较晚抵达的海南人，在无法涉足其他行业的情况下，只好到英国人家中帮厨，在此过程中，渐渐积累起其他移民群体所不具备的西方餐饮制作技术和文化经验。

殖民时代结束后，海南人结合“打洋工”的经验，以档口分租的方式，在街头巷尾开起了消费低廉的 Kopitiam，将西方饮食华人化的同时，也借此让吃面包、喝咖啡的西方饮食习惯“飞入寻常百姓家”，改变了当地华人的生活方式。时至今日，较之于茶，马新华人往往更习惯喝咖啡，“走，喝咖啡”亦成为当地华人相约外出的口头语。

中西合璧的南洋咖啡

与 Kopitiam 同步产生的，还有独具匠心的南洋咖啡。由于南洋地区气候湿热，储存咖啡的天然条件较差，海南人开创了独具特色的咖啡烘焙技术——在咖啡豆中加入白糖、牛油、芝麻、玉米等“杂质”，在热锅中不停翻炒，使咖啡豆与配料混合一体，从而产生一种浓郁的口感。这种技术与烹饪中餐异曲同工——用大量不同口味的配料来弥补原材料本身品质的不足，降低了咖啡的原料与加工成本，也迎合了当地人的口味喜好。

除了创新咖啡烘焙工艺，南洋咖啡的冲泡方式和饮用习惯都可谓“中西合璧”。不同于一般先冲咖啡，再加糖和奶的方法，“南洋 style”通常先将炼乳及砂糖置于杯底，再将滚烫的咖啡倒入，食物中的各个元素得以充分融合，经过搅拌之后，味道会更加均匀细滑。

我们常见的西式咖啡杯具，会搭配用来搅拌的小汤匙，而马来西亚的 Kopitiam 提供的则是中式调羹。原来，当地人端上来的是烫口咖啡，用中式调羹方便吹凉再喝，乍看宛如在喝中药。此外，由于当地华人习惯将咖啡杯中的咖啡倒入碟中，吹凉后再喝，因此 Kopitiam 里的咖啡碟往往较别处的咖啡碟颜色更深，留下了如年轮般一圈一圈的痕迹，宛如时光的印记。

九十多年前，鲁迅写过一篇《革命咖啡店》，文中列举了他不去咖啡店的理由。这不禁令人假想，若鲁迅先生生活在当代马新，看见遍地开花、如此接地气的 Kopitiam，他可能会写下《革命 Kopitiam》，并且一一列出喜欢去 Kopitiam 的理由。毕竟，随处可见、价格亲民的 Kopitiam 非但没有附庸风雅的基因，反而非常市井——这里不仅提供美食饮品，更是一个信息交流和人际交往的公共空间，当地街坊多在这里讨论时事、闲话家常，甚至是候选人拜票的绝佳场所。

值得一提的是，经过几十年的发展，Kopitiam 的影响力早已冲出了当地华人社会，融入了不同族群的日常生活，成为建立不同族群社会关系的纽带。马新当地有许多不同种族经营的 Kopitiam，但大家炮制的都是那杯海南人独创的南洋咖啡。各族群在南洋咖啡的文化氛围中，构成了新的味蕾认同、文化认同及身份认同。

当然，随着近年来新式咖啡馆的冲击，当地的 Kopitiam 也开始逐年减少。然而，可以确定的是，Kopitiam 不仅是当地人的用餐与社交场所，更是几代马新人的集体回忆。

怡保：白咖啡的故乡

在 Lonely Planet 出版的《环球咖啡之旅》一书中，怡保与东京、清迈并列为“亚洲三大咖啡重镇”。这座文艺小城与咖啡的关系可谓千丝万缕——无论走到哪里，空气中都弥漫着咖啡的香气，而国人颇为熟悉的电影《初恋红豆冰》，故事就发生在怡保的 Kopitiam 里。

由于怡保人大多祖籍广东，人人都“爱吃会吃又懂吃”，所以怡保的饮食文化素来繁荣。这里的美食不胜枚举，Kopitiam 也可谓卧虎藏龙——几乎每家 Kopitiam 都有一套冲泡白咖啡的“祖传秘方”。然而，最值得探访的还得数怡保白咖啡“三巨头”——新源隆、南香、长江。

位于旧街场的新源隆是怡保现存最早的白咖啡店。这里至今仍保留着原有的店面装饰及布局，仿佛让人一头扎进了旧时光。1937 年，新源隆由曾于英国人餐厅里担任厨师的王宝朝与王宝廷兄弟俩携手创办。新源隆刚营业时，卖的是高温烘炒、带有苦涩味的典型南洋咖啡。由于当地人不习惯咖啡的苦味，王氏兄弟便开动脑筋，改成以较长时间的低温烘焙、不添加任何配料的方式，创造出白咖啡。如今，新源隆已经由第

○ 怡保街头壁画

白咖啡

白咖啡是马来西亚的土特产，约有百年历史。白咖啡并不是白颜色的咖啡，而是采用特等利比里亚、阿拉比卡和罗布斯塔咖啡豆及特级脱脂奶精原料，经中轻度低温烘焙及特殊工艺加工后去除大量咖啡因，去除高温碳烤所产生的焦苦与酸涩味，将苦酸味、咖啡因含量降到最低的咖啡。其颜色比普通咖啡更清淡柔和，通常呈现出淡淡的奶金黄色，故得此名。

三代传人掌舵，仍坚持手泡白咖啡，保留着难能可贵的初心。

盛放在瓷杯中的白咖啡，色泽奶白金黄，细尝一口，香滑顺喉，浓醇回甘。白咖啡没有黑咖啡的苦涩与酸味，奶味更浓更香，备受当地人喜爱。店中的鸳鸯面包（烤面包内涂抹自制的蛋黄椰香咖椰酱及黄油）及半生熟蛋，也是最为经典的当地特色早餐。

位于新源隆对面的，则是让白咖啡风靡海内外的连锁咖啡店旧街场白咖啡（Oldtown White Coffee）的鼻祖——南香茶室。创立于1958年的南香创始店，受到了美食家蔡澜的强烈推荐，也曾入选“一百家最具风味传统咖啡茶餐店”，拥有极高的人气和知名度。这里的蛋挞、福建面、酿豆腐、猪肉肠粉等美食都大受欢迎。口感香浓顺滑的白咖啡，配上新鲜出炉的酥皮蛋挞，美味至极，堪称一绝。

南香第三代掌门人、旧街场白咖啡及怡保南香创办人吴清文，除了开创能够记录顾客口味喜好的自助点餐系统，还出动机器人，为南香注入创新元素。走进南香怡保SOHO店，只见佩戴着“章子怡”“林志玲”“宋慧乔”等女明星铭牌的机器人，在这里自如穿行。这些会说广东话和英文的“女神”把美食送到顾客的座位，然后食客需自行从托盘中拿取食物，再碰一下“女神”手旁的蓝色按钮，它们就会回去继续工作。

“我希望用科技减轻员工的工作量，这不表示他们将被取代，而是有更重要的任务，就是专注于食物品质和服务水准。”吴清文在接受采访时曾经这么说。

不同于前两家名店，1989年创立的“长江”并不在香气四溢、茶室林立的旧街场，但也值得专程前来探访。

长江咖啡的创始人江永强创立了第一家将此咖啡类型命名为“白咖啡”的长江茶室，并设立了咖啡店，隶属于自家品牌咖啡豆烘焙厂。第二代分家后，从小协助父亲冲泡咖啡的儿女一人得宝号、一人得老店，仍不断传承创新着白咖啡文化。

江永强的女儿江秀洁极具匠人精神，在创始店原址继续经营着，改店名为江氏白咖啡，并创立了自有品牌的烘焙厂。她以独创的科学冲泡法，让大家在洋溢着南洋情调的氛围中，品尝地道的白咖啡。

深谙营销之道的儿子江健龙，则拿着“长江”宝号搬到了老洋楼，开设新门市“长江白咖啡”。店内摆放着老照片、三轮车、云石圆桌等复古陈设，宛如一家古董店，其精致程度在Kopitiam中相当少见。

/ 怡保咖啡馆推荐 /

新源隆茶室 Kedai Kopi Sin Yoon Loong（老店）
怡保，30000，15A，Jalan Bandar Timah

南香茶餐室 Kedai Makanan Nam Heong（创始店）
怡保，30000，NO. 2，Jalan Bandar Timah

江氏白咖啡 Kedai Kopi Chang Jiang（创始店）
怡保，31650，No. 171，Jalan Pasir Puteh

○ 怡保江氏白咖啡内景

吉隆坡：“老屋新生”风潮下的精品咖啡馆

随着全世界范围内“第三波咖啡浪潮”来袭，精品咖啡和意式咖啡也风行于马来西亚，尤其是在首都吉隆坡，各种新式咖啡馆如雨后春笋般涌现在大街小巷，与传统特色的 Kopitiam 和谐共存、相映成趣。尽管 Kopitiam 布袋泡冲咖啡显得后继无人，现今许多马来西亚年轻人的梦想却是——开家咖啡馆。与此同时，马来西亚近年来兴起“老屋新生”风潮，由老建筑改建而成的咖啡馆开始在吉隆坡，尤其是茨厂街街区频频亮相。

原来，2011 年 7 月，政府宣布实施大吉隆坡捷运计划，准备征用苏丹街和茨厂街一带的 30 多间店屋和土地，也敲响了保护历史文化遗产的警钟——当地社会团体开始主动发起“捍卫苏丹街”及“茨厂街社区艺术计划”活动，才让部分历史建筑保留下来。同时，越来越多咖啡馆、小酒吧、生活概念店开始进驻茨厂街街区。这些店家将咖啡美学、老屋新生和城市发展结合在一起，共同孕育吉隆坡的城市新记忆。

位于茨厂街尾端的美真林（Merchant's Lane），是一家有故事的网红咖啡店。它的前身是家风月场所。长满青苔的斑驳墙面、木窗上面剥落的油漆、树根盘踞攀附于墙的老榕树……都被完整地保留了下来。到了夜晚，红灯管下影影绰绰，更是让人不禁联想起王家卫电影里的种种场景。

作为“楼上店”，美真林的入口低调而隐秘，一楼的青色木门上，只挂有一面写着咖啡馆名的镜子。推开门，沿着红色的木板楼梯往上走，仿佛瞬间进入世外桃源——店内新旧交融的 3 个空间里，喧嚣人声和流行音乐互相交织碰撞。套用店主的说法——美真林要走的就是 funky & modern 路线，把青春活力注入怀旧空间。

美真林提供的食物饮料，都是时下热门的融合料理——用马来西亚的本土特色食材来烹制西餐。这些食物除了美味量足，还都有个趣味十足的名字。其中，“Better than Sex”几乎是每桌客人都会点的人气料理。这道招牌甜点，是斑兰口味的网饼（Roti Jala）淋上融化的芝士和招牌咖椰吐司口味的冰激凌，再加上椰糖酱制作而成。

而在苏丹街天井旅馆 1 楼的林记咖啡馆，则风格清新自然，将现代设计与复古元素糅合得刚刚好。除了提供品质上乘的精品咖啡，还推出甜点、蛋糕等轻食，价格 6 令吉起。

对此，负责人林辉煌谦虚地表示：“茨厂街有太多好吃的东西了，我们为此还请人手绘了美食地图。这家咖啡馆的存在，只是为了让街坊们来喝喝咖啡，聊聊天。”

/ 新加坡咖啡店推荐 /

再成发五金 Chye Seng Huat Hardware
新加坡，20756，150 Tyrwhitt Road

真棒堂 My Awesome Cafe
新加坡，068639，202 Telok Ayer St

PS Cafe
新加坡，249549，28b Harding Rd

The Populus
新加坡，088875，146 Neil Rd

复古新潮：新泡泡甜品小吃 Sinpopo Brand
新加坡，427671，458 Joo Chiat Rd

○ 吉隆坡的美真林咖啡馆

/ 吉隆坡咖啡店推荐 /

美真林 Merchant's Lane
吉隆坡，50000，No.150，first floor

林记 LIM KEE CAFE
吉隆坡，50000，66-68，Jalan Sultan

喝咖啡这件小事，在越南可是大事

文 ○ 谌禹豪
图 ○ 视觉中国

越南的中部高原和东南部地区分布着 50 万公顷的红色玄武岩土壤，再加上其常年高温和强降雨，让这些地区非常适合种植咖啡豆，采摘下来的咖啡豆经过特殊奶油的精致烘焙，奶香突出，咖啡醇厚，口感回味悠长。

在河内和胡志明市以及一些稍小的城市，都有不少漂亮的咖啡厅。这些咖啡厅的入口经常隐匿在杂乱的小商店或者居民楼旁边，需穿过小门上二楼才能进入，如同爱丽丝的仙境。里面大多装饰着暗色的墙壁，陈设古旧的西式家具，搭配上热带独有的茂密植物，让你一秒回到《人猿泰山》中所描绘的大航海时代的原始森林。

三楼一般是露台，四周被藤蔓植物环抱，将你与楼下的喧闹隔绝。在这里，不妨再抽出时间享受一杯带有越南风情的滴漏咖啡。这种咖啡曾在 20 世纪初的法国流行，后被法国人带到了越南。殖民者走了，咖啡文化却留了下来。

制作滴漏咖啡只需要一个杯子和一个简易的滴漏壶。将咖啡粉放入滴漏壶中，浇入热水，看着黑色的咖啡溶液就像是沙漏中的沙子一样慢慢滴落在下面的杯子中。用滴漏壶制作的咖啡口感更醇厚，伴随着咖啡豆中的奶油香，别有一番滋味。当然，由于其相对“粗糙”的制作方式，杯底还是会夹杂着一些咖啡渣，这也成了越南滴漏咖啡的特色。

等待这样一杯咖啡，差不多需要 10 分钟，而喝完这杯咖啡，你可能需要一上午。看着街上的风景，感受着热带的阳光和暖风，这样静谧的享受，在你准备重新投入熙熙攘攘的摩托车大军之前，显得异常重要。

路边咖啡摊——来自大妈的鼓励

那些随处可见的路边咖啡摊，是解热降温的绝佳场所。这种咖啡摊的标配一般是：上了年纪的大妈，一辆载满冷饮、茶水和滴漏咖啡的手推车，以及数个既能当座位又能当小桌的马扎椅。

炼奶咖啡是这类摊档的特色。大妈们通常会准备好满满一壶的黑咖啡，当客人点了咖啡时，她会先拿一个直筒玻璃杯，在里面加上几大勺炼奶。然后打开保温柜，熟练地用钢铲从整块的大冰块中敲出一块放入杯子，待冰块稍稍融化，就把已经过滤好的黑咖啡浇在冰上，咖啡的温热慢慢融化了冰块，然后悬浮在炼奶之上，成为一杯“黑白分明的咖啡”。喝的时候，用长吸管慢慢搅动冰块，从而带动炼奶与咖啡混合均匀。这款咖啡有着浓郁、甜腻和清爽的口感。

在炎热的街头喝上一杯冰咖啡，能让你鼓起勇气进行接下来的旅程。通常来说，我一天至少需要五次这样的“大妈鼓励”。

“千与千寻”的海岸火车

城市中的咖啡馆和咖啡摊为当地居民和游客提供了越南特色十足的各种咖啡，而被称为“千与千寻”的海岸火车（顺安—岘港）上则供应了一款我喝过的最神奇的咖啡。

和中国一样，越南的列车员们会推一辆小车，询问乘客是否需要零食，车把手上挂着可乐瓶子，里面装着黑色液体，我斗胆要了一杯才发现——原来是咖啡！这杯盛在纸杯里的咖啡，看上去浓度超高，摇动起来甚至有些挂壁。小酌一口就发现口感很像可可，但是异常的苦，甚至让我想起了儿时喝中药的感觉，不搭配一些糖或者牛奶根本难以下咽，不过身边的越南人好像特别享受这种苦涩。

○ 制作越南滴滤咖啡

来一杯鸡蛋咖啡，还是咖啡蛋花汤？

这款浓稠、细腻的饮品尝起来更像是甜点，据说创意来自卡布奇诺。20 世纪 40 年代，越南牛奶短缺，卡布奇诺价格昂贵，很少有人能尝到，为了让平民也能享受这种丝滑的口感，一家咖啡厅的老板便创造出了这神奇的咖啡。

越南的鸡蛋咖啡分冷热两种。其中冷饮就是将一到两个鸡蛋打入咖啡杯，再放白砂糖、黄油和炼乳进行搅拌，然后倒入咖啡混合即可。而调制热饮的前几个步骤与冷饮相同，不同的是最后会将咖啡放入装有热水的小碗中，缓慢地加热。至于为什么不直接将热咖啡倒入杯中，老板的解释是，他不想做成咖啡蛋花汤……

串游泰国咖啡店

文 ○ Chan Chung、fifi
图 ○ Chan Chung、fifi、视觉中国

泰国的咖啡馆不仅数量众多，咖啡口味也颇为独特。很难计算出曼谷到底有多少咖啡馆，它们有的分散于街头拐角处，有的隐蔽在小路深巷中。但可以说，曼谷人对咖啡品质的追求执着且严格，咖啡馆的装修风格则充分体现了曼谷人的生活态度和品位。打卡这些有意思的咖啡馆，已渐渐成为一种新派的曼谷旅行玩法。在旅途中推开一扇扇咖啡馆大门，总能在不经意间收获惊喜。

○ 曼谷，Khlong Tan，Soi Naphasap 1，Soi Sukhumvit 36，40/1
⊙ 9:00 ~ 18:00，周一店休

Blue Dye Cafe——遇见一抹蓝

Blue Dye Cafe 的合作经营者——咖啡师 Mint 和摄影师 Tum——不仅将蓝色调装饰运用得淋漓尽致，还将这座咖啡馆同时开辟成了杂货铺、服装店与小型文艺中心。一楼出售咖啡，也陈列着 Mint 的原创陶瓷制品与精致的家居小物；二楼展出 Tum 的服饰品牌 indigo to indian，包括印第安风格的服饰和二手古着，还摆放着店家的许多珍贵收藏。店内有时会举办小型音乐会活动，清脆的琴声与欢笑声时常飘出窗外，在小巷中回荡。

别错过店内的招牌 Chai Latte with Tofu Pudding，即咖啡配豆腐布丁，口感极为爽滑，撒在表面的肉桂粉让咖啡口味变得更加特别。热拿铁也值得一试，精美的拉花仪式感十足。

○ 曼谷，Vaddhana，Soi 49 Klongtonnua，899 Sukhumvit Rd
⊙ 9:00 ~ 22:00（周一至周五），周六、周日（7:00 ~ 22:00）

Broccoli Revolution——绿意盎然的素食咖啡馆

名字前卫的 Broccoli Revolution（意为“西兰花革命”）开在街角处，店内空间开阔，采用水泥地板、红砖墙搭配橘色做旧沙发椅的工业风格，高高的屋顶下悬挂着一株株飘絮的绿植，极具热带风情，部分空间还被开辟为艺术展览区。

这家咖啡馆同时也是素食餐馆，店家主张在饮食中添加有机蔬菜和水果，以实现更健康的生活方式。于是，咖啡和水果在这里有了交集——不妨试试椰子拿铁，是一款趣味十足的饮品。店家还会把部分收入捐赠给慈善机构，以帮助泰北的少数民族和曼谷流浪儿童。

曼谷，Khet Pom Sattru Phai，Khwaeng Wat Sommanat，7/1 Lan Luang Road
9:00 ~ 17:00，周一店休

Eden's——法式复古风情

不同于追逐潮流元素的咖啡馆，Eden's 有着质朴的美感和曼妙的法式风情。店铺远离闹市区，黑色欧式门面极为低调，若不仔细留意便很容易错过。店内装修朴素，但一丝不苟：斑驳的半裸露砖墙保留着建筑原貌，墙壁上装饰着动物标本和挂画，仅有的十几个座位配备了款式不一的桌椅，留存着长年积累下的磨损痕迹， 就连洗手间内也悉心布置了香薰蜡烛、装饰画和绿植。

店内空气中弥漫着法式烘焙的香味，耳畔是轻快的乡村音乐，或许还有从开放式厨房中传出的吱吱声，氛围舒适到让人不能更放松了。这里也提供简餐，包括又酸又甜的柠檬派，以及精致的全日早餐，餐点会连同平底锅一起端上来，摆在精美的手绘餐桌纸上。

曼谷，Payathai，Samsennai，315 Rajavithi Road
8:30 ~ 19:00（周一至周五），9:00 ~ 19:00（周六、周日）

Cafe de Norasingha——进宫喝咖啡

这家咖啡馆大有来头：它是泰国第一家咖啡馆，且坐落于胜利纪念碑附近的披耶泰宫（Phaya Thai Palace）内。泰王拉玛五世和拉玛六世曾在这座行宫内接待贵宾，如今 Cafe de Norasingha 则完全对公众开放。

咖啡馆延续着浓厚的宫廷风格，保留了原有的陈设，有高高的吊顶、陈旧但仍显华丽的灯具、古老的真皮沙发和清凉的木地板，大厅远处还有现场吉他演奏，乐声通透，响彻大厅。虽贵为“宫廷咖啡馆”，店内的产品价格倒是非常亲民，咖啡饮品每杯 40 泰铢起售，此外还提供简餐。客人们脱鞋入内，喝咖啡时轻声细语，以对这座庄重宫邸表示敬意。

清迈所在的泰国北部一直在尝试种植高品质的阿拉比卡咖啡豆，本地的泰北豆品质也在日益精进。在清迈，咖啡馆数量惊人，咖啡小站、社区咖啡店、大小型咖啡店每百米就能看见一家，而咖啡馆的数量还在不断增长。即使在人流量没那么大的湄安县的小村庄里，都能看到品质各异的咖啡馆。

inestinct25 Cafe——社区咖啡馆的典范

“这一刻你最想喝的，就是最好的。”inestinct25 Cafe 的店主对我说道。这家典型的“社区咖啡店”就坐落于居民区旁，最多容纳 10 人，菜单上的选择也不多，但店内氛围宜人。

清迈，Amphoe Mueang，Tambon Su Thep，4/3 Suthep Rd
7:00 ~ 17:00（周一至周六）

午后时分，店家的朋友正闲坐在门口弹吉他唱歌，客人多是附近医学院的学生，大多已经和店家混熟了。我尝了尝店主递给我的特调：美式咖啡用的是浅度烘焙后的豆子，酸味比涩味更为突出，口感清淡；拿铁则用了深度烘焙的咖啡豆，口感很是醇厚。

10 年前，咖啡店在清迈刚盛行起来，店主就以拥有自己的咖啡小店为目标，开始努力研修技艺。在多家咖啡店修行后，他终于在 3 年前实现了梦想。如今，他所调制的咖啡体现着清迈“社区咖啡馆”最显著的特质——不管是否习惯品尝咖啡，在这里，每位社区居民都能找到适合自己的那杯。

Ponganes Coffee Roasters——咖啡陈列室

清迈，Amphoe Mueang Chiang Mai，T.Sriphum. A.Muang，133/5 Ratchapakhinai Rd
10:00 ~ 16:30，周二、周三店休

如果想和朋友找家咖啡店闲聊八卦，Ponganes Coffee Roasters 或许并不是那个最合适的选择。与其说它是一间咖啡烘焙室，倒不如称它为咖啡陈列室——店里没有一张真正的桌子，只有吧台。店家主营咖啡豆生意，既出售不同种类的泰豆，也有埃塞俄比亚耶加雪菲、危地马拉帕拉马拉等经典咖啡豆，据说清迈很多咖啡店的豆子都来自这里。

店主 Kasemsuk 曾在澳大利亚研修咖啡数年，喜欢根据当日天气为客人特调咖啡。观看 Kasemsuk 手冲咖啡的过程，就像是欣赏一次艺术创作：适度研磨后的咖啡豆，注入热水后膨胀出现滤层，再经充分闷蒸后顺时针快速注水，精华渐渐被萃取而出，最后在滤纸上留下完美的钵形。

用百分之百的泰豆制成的咖啡也值得一尝——带着焦糖香气，也透着一股覆盆子的酸香，非常特别。

Asama Cafe——金牌咖啡铺

清迈，6 Klong Cholpratarn，122/128 Moo
9:00 ~ 15:45

佛教圣地素贴山脚下的 Asama Cafe 一派静谧氛围。老板 Asama 是位全能型咖啡大师，不但在泰国的咖啡赛事中斩获了不少奖项，还兼任杂志编辑，他还是泰国屈指可数的有专业资格的 WLAC（World Latte Art Championship，世界拉花艺术大赛）评审。

店内的 Spirit 据称是全清迈最好的咖啡机，能产出 3 款品质绝佳、价格亲民的招牌咖啡。Expresso On The Rock 是将意式浓缩咖啡浇在冰块上，以避免浓咖啡在兑水后被冲淡了口味；Expresso Panna Cotta 是款意式咖啡布丁，布丁的丝滑配上咖啡的浓郁，在舌尖产生独特的碰撞；Gravity（意为重力）的做法正如其名：往透明玻璃杯中加入鲜奶，再将

○ Asama Cafe

意式浓缩咖啡当作配料浇上去，深褐色的咖啡在重力影响下缓缓下沉，颜色渐变之间，一件艺术品就此诞生。

Akha Ama Coffee La Fattoria——正宗清莱咖啡豆

主打正宗清莱产咖啡豆的 Akha Ama Coffee La Fattoria，如今已成为咖啡迷在清迈的朝圣地之一。店主一家来自清莱美彰代村一个种植咖啡的家庭，他们来到清迈开设这间咖啡店，起初是为了改善村民的生活条件，同时推广美彰代村的咖啡豆，谁曾想自家的豆子竟会引起一番轰动。这些种植在海拔 1500 米处的咖啡豆，汲取了美彰代村肥沃土地中的养分，其中一种阿拉比卡豆品质尤其好，香气极佳。

店内顾客络绎不绝，来品尝牛奶咖啡的格外多，口感醇厚饱满的鲜奶也为咖啡增色不少。不妨买两包阿拉比卡豆作为伴手礼，从浅度烘焙到深度烘焙的豆子应有尽有。

清迈，175/1
Rachadamnoen
Road Phasing
8:00 ~ 18:00

咖啡达人漫谈

三位“咖啡控+旅行者”，谈谈他们眼中的东南亚咖啡及当地文化。

Question

① 你最喜欢的东南亚咖啡国是哪一个？
② 你最推崇的一款东南亚咖啡是什么？
③ 未来你想去哪个目的地品尝咖啡？
④ 未来你最想尝试的咖啡是？
⑤ 哪个东南亚国家的咖啡馆让你印象最深刻？

Coffee

Answer

张小电

Lonely Planet 作者，咖啡深度上瘾者。

① 你最喜欢的东南亚咖啡国是哪一个？

泰国吧。对我而言，它最好的一点是在东南亚地区算得上出行最便利的国家。我每年都会在泰国的海边小城住上至少两个月。住在泰国小城生活成本不高，性价比很好，而且 7-11 便利店已经开始售卖价格合理而且风味不差的花式咖啡了。

此外，越南河内的城市文化经常被忽略，其实很让人惊喜，比如很容易淘到很棒的设计师服装和复古面料，也有深入普通民众生活的咖啡文化。

② 你最推崇的一款东南亚咖啡是什么？

河内的鸡蛋咖啡，这听起来有点像一款“黑暗料理”，只有喝了的人才知道它的甜美香浓。做法比较复杂，大概是滴滤出黑咖啡后，再把蛋清打发泡注入杯中，覆盖住咖啡的表层，然后放进烤箱烘烤后才算完成。另外，在越南小城归仁喝到的牛油果咖啡也很不错，东南亚人民的热带创意非常有意思。

最讨厌的咖啡可能是为了拍照而刻意摆架势的网红手冲。这种咖啡也不只是在东南亚，全世界都有，大概都是抄来抄去，没意思。

⑤ 哪个东南亚国家的咖啡馆让你印象最深刻？

曼谷是国际咖啡达人的新宠，在 Thong Lo 街区有很多拍照很好看的网红咖啡馆。不过我更喜欢越南河内的咖啡馆，能找到真正的民间咖啡文化氛围。比如老城区东面的 Cafe Lâm，墙上挂满了越南内战时期文人用来抵债的画作，店里没什么时髦的自拍达人，更多是老少爷们儿，各自坐在小桌椅旁安静地喝杯咖啡。

穿裤子的云

一个从不自拍的旅行博主，著有《在东南亚窥视神之处所》。

① 你最喜欢的东南亚咖啡国是哪一个？

最喜欢的国家有两个，新加坡和泰国。喜欢新加坡的理由是当地生活的维度很丰富，有不少顶级的餐厅，但是小吃牌档也永远不会让你失望。有好喝的手冲，也有怀旧的南洋老咖啡。

喜欢泰国的理由不仅因为泰国有众多休闲海岛，还因为曼谷、清迈都有很好喝的手冲咖啡，而且价格还很美好。通常国内喝一杯星巴克的价格，就可以在曼谷舒服地享受一杯精品手冲咖啡了。

③ 未来你想去哪个目的地品尝咖啡？

未来想去墨尔本喝咖啡。我从未去过澳大利亚，不过风景优美的黄金海岸和墨尔本的咖啡却早有耳闻。之前买过*Drift*的创刊杂志，主要就是介绍墨尔本的咖啡文化，了解更多后，就更加深了我想去墨尔本的念头。

张萌 Anita

星巴克臻选上海烘焙工坊咖啡烘焙师，星巴克咖啡大师，星巴克北区咖啡公使。

① 你最喜欢的东南亚咖啡国是哪一个？

新加坡不大，很现代、很繁华，但在饮食方面你能真实感受到一种传统和现代和谐共生的氛围。在那里，每天必备的项目就是要去吃吃喝喝逛馆子，有时候我会为了找一家咖啡厅走好久。新加坡当地既有当下很潮的精品咖啡馆，又有冠军咖啡师驻守，除此之外，还有很传统的看似香港冰室的咖啡屋——我尤为喜欢亚坤，大概是中了他家炼乳咖啡的“毒”，口感很醇厚很朴实，很有南洋气息。

店里既有在周围高级写字楼上班的白领，也有当地的居民来聊天，只用一种豆子进行冲泡，供应特别简单的几款吐司点心，但是让人念念不忘。

② 你最推崇的一款东南亚咖啡是什么？

如果只能选一款，我会选星巴克的陈年苏门答腊。绝大部分咖啡从种植开始到后来的采摘加工、烘焙再到冲煮，每一步都会尽可能地保持风味，但总体风味仍是在递减的。但陈年苏门答腊就不太一样了，咖啡在采摘后，在特定的环境下进行 3 ~ 5 年甚至更久的陈化处理，就像红酒在橡木桶内的窖藏一样，是一种风味的升华。

④ 未来你最想尝试的咖啡是？

想尝试的咖啡那就太多了，最近的话可能是星巴克臻选上海烘焙工坊的典藏苏门答腊，2016 年喝到了一次 Aged Sumatra Long Berry 很惊艳，还想尝试更多新的豆子！

漫游东南亚二手书店

文 ○ boho
图 ○ boho

○ Dasa Book Café

在阳光和全球嬉皮士都偏爱有加的东南亚，
众多二手书店散落在数个瑰丽迷人的个性城市，
那里永远塞满了稀奇古怪的书籍，
收集着全世界的怪诞梦境和白日妄想，
记录着有关城市、人与书的私密故事。

泰国曼谷

Dasa Book Café

曼谷，Sukhumvit Road 714/4（Soi 26-28）
10:00 ~ 20:00
www.dasabookcafe.com

弥漫着文艺气息的曼谷少不了二手书店的身影。除了加都加市集上琳琅满目的书铺，不得不提的还有全曼谷最大的二手书店 Dasa Book Café——这家店之于书迷，就好比四面佛之于泰国佛教徒。

推开 Dasa Book Café 厚厚的玻璃门，空气中是旧书和咖啡香气杂糅在一起的怀旧味道，耳边回荡着萨克斯吹奏的音乐。一楼左边的木质书柜上摆满各国文学小说，右边的白色柜架上则整齐排列着二手 CD。阳光透进窗口，照亮窗边几只高脚凳，沿着黑棕色木地板无声流淌。

这里共有 18,000 册藏书，一楼和二楼涵盖各个领域的优质英文书，三楼则以德语、挪威语等小语种书籍居多。书架上容纳不下的旧书散落在各个角落，堆成一座座小山。

书店老板吉利兰德（Gilliland）来自美国佛罗里达州，每逢周末，他便会去加都加市集的各大书铺精挑细选。他酷爱惊悚小说和旅行日记，偏好亨特·汤普森或汤姆·罗宾斯的现代先锋作品，也喜欢品读经典著作，对书籍的好品位给他赢得了一批忠实的背包客粉丝。

泰国清迈

泰国北部的悠然小城清迈，最多时曾拥有 13 家独立书店。如今，面对全球书店行业缩水的困境，仍有数家绝好的书店藏匿于著名景点塔佩门（Tha Phae Gate）附近，等待和有缘人相遇。

Gekko Books

Gekko Books 书店门口那座白色塑像总能惹得路人纷纷侧目——一个机器人坐在马桶上翻阅杂志，仿佛在说：嘿，等着瞧，即使到了未来，即使遍地机器人，你们也离不开纸质读物。

靠近门口的书架上陈列着几排有上百年历史的古籍本，里面既有 19 世纪 50 年代出版的英文字典和《圣经》，也有《名利场》等经典文学作品。这些货真价实的古籍并非只作装饰，而是在静待行家认领。店内的二手书都被店主精心打理，每一本都保持着整洁干净。一楼设有儿童绘本专区，二楼以艺术类和小语种书籍为主。

店里不乏英国浪漫主义时期的畅销诗作《抒情歌谣集》、易卜生的著名剧本《海达·加布勒》以及英文插图版《月亮宝石》等难得一见的书籍，因此文学青年们也把 Gekko Books 视为理想的“补货”之地。

清迈，Chang Moi Kao Road 2/6
10:00 ~ 19:00
www.gekkobooks.com

Shaman Book Shop

Shaman 的门面窄小又低调，很容易被人误认为一家纪念品店，但走进店内，看到旧书一直顶到天花板的壮观景象，似乎在无声宣告着：书籍本身才是此店的最好武装。

店内书籍种类繁多，每层书架上都有关于图书种类和作家的明确标

○ 清迈 Shaman Book Shop

周边推荐

清迈佛教氛围浓厚，不妨去体验一下素食餐厅的风味。塔佩门附近有三家好吃又实惠的有机餐厅：Taste From Heaven、Bodhi Tree Café 和 Farm Story House。周日夜市也是这一带的一大亮点，夜市上不仅有让人眼花缭乱的摊位、种类繁多的小吃，在街头进行现场表演的乐队也都很出色。

清迈，50200，Chang Klan，khotchasan Rd 2

9:00 ~ 22:00

wwwfacebook.com/shamanbookshop

注，每本书都被细心套上了塑料封皮。店主偏爱文学，仅是在一楼就给文学书留出半边天地；他还很重视人文历史，例如将有关挪威的历史书籍摆在显眼的位置。从荷马到笛福，从英译插图版《水浒传》到所罗门群岛女人们的自述诗集，以及罕见的占星学著作、印度漫游记、心理学书籍和犯罪小说……这些有趣的二手书能在瞬间唤起人们探索精神世界的欲望，踏足未知的河流。

如果幸运，你还可能见到书店的“守护者”——一只蓝眼白猫。店主除了喜欢读书还热爱动物，一直都在收养流浪猫，不过他再三强调：Shaman 可不是一家“猫咖啡馆”。

越南河内

河内，Chau Long St 44，Hanoi Cooking Centre complex 内

9:00 ~ 19:00

www.bookwormhanoi.com

Bookworm

2001 年开放的 Bookworm 是河内第一家主打英语书籍的二手书店。它位于幽静的竹帛湖（Truc Bach Lake）边，藏在 Chau Long 街上一家传统越南餐馆背后，是一个只有“书虫”才能找到的秘密基地。

就像河内旧城区的众多老宅一样，这栋两层楼的书店朴素而温馨，在细节上又颇具设计感：一楼窗边挂着中国山水画和明信片，连接二楼的是一座五颜六色的旋转阶梯，阶梯旁的墙壁上绘有一条生动的巨龙，装饰着越南戏剧脸谱。二楼入口处摆着木茶几和一对旧式扶手椅，椅上倚着刺绣红布靠枕。

Bookworm 拥有 10 万余册藏书，年轻的书店老板特隆（Truong）不仅重视越南文学和诗歌，也给英语和欧洲语种的书籍留足了空间。书店的周边书签和明信片别致精巧，值得收藏。

周边推荐

从 Bookworm 出发，步行 3 分钟即可到达出售新鲜果蔬、鲜花、海鲜的菜市 Chau Long Market。菜市附近有数家米粉摊和小咖啡馆，供应热气腾腾的牛肉米粉、仅在河内才能喝到的鸡蛋咖啡等餐饮。站在竹帛湖边，还能望见河内最古老的寺庙——镇国寺。

马来西亚吉隆坡

学林书局

吉隆坡，50050，Jalan Tun Tan Siew Sin，45A
10:00 ~ 18:30
www.facebook.com/xuelinbookshop

“找不到书，就找学林书局。”

这是吉隆坡书友们之间达成的默契。

这家二手书店跻身繁华商区，位于购物中心 Sinar Kota 正对面的敦陈修信路（Jalan Tun Siew Sin）上，除了农历新年放假 3 天外全年无休。

老板谢满昌认为阅读在他生命中扮演着绝对性的角色，而书店正是为读书人服务的行业。尽管好书难觅，学术类书籍更是踪影难寻，但他常常热心地为顾客找书，和不少客人结下了情谊。

店里摆放的各式书架均为谢满昌和女儿亲自搭建而成，墙上饰有鲁迅、意大利科学家托里拆利等名人肖像海报，书架侧面贴满了魏碑书法临摹作品。书店主营中文学术书籍，涵盖文艺、医学、科技、宗教等领域，但没有任何分类标签——谢满昌觉得这样能让客人在找书时有意想不到的发现。绝版书也是学林书局的一大特色，如果你喜欢收集同一本书的不同版本，很可能在这里大有收获。

Junk Book Store

吉隆坡，50050，Jalan Tun H.S.Lee，78
8:30 ~ 17:00，周六 14:00 结束营业，周日店休
www.facebook.com/JUNK.bs/

Junk Book Store 位于一栋三层楼的中西结合式老建筑中，20 万册的藏书量足以让它以此为傲。这是一座收集记忆的时光屋：在这里，可以找到早年间以邓丽君作封面人物的台版杂志《光华》、连载超级英雄系列的美国漫画杂志《漫威》和马来西亚的旧报刊，等等。走进这里的人难免不流连忘返。

1974 年，杰弗里（Jeffery）从伦敦毕业后回到马来西亚，在 1990

年创立了这家书店。起初他只把经营书店作为爱好，他从要搬家或移民的当地家庭搜集各类书籍，并把这些书放上书架。书店生意逐渐好转后，他开始尝试从澳大利亚、新加坡、泰国、中国香港和中国台湾等地进货，在数年间收藏了种类颇多的旧书。这里的书以英文和中文书为主，罕见的马来西亚历史书让你可以一点点探究这个国度的过往，大量绝版漫画和老杂志则让人大呼过瘾。镇店之宝是 1978 年出版的《纱笼和短剑》（*The Sarong and the Kris*），书里有大量细腻的插图，马来西亚的人文社会图景一览无余。

月树书店

和茨厂街只相隔几分钟路程的戏院街（Jalan Panggong）分外清静，总是飘荡着轻音乐的月树书店（Moontree）便是其中一片静谧之地。书店老板刘艺婉从上班族的生活中脱身之后，决定转行开书店，在没有客人的大部分时间里，她会躲在咖啡机和饼干罐后面写诗和专栏文章。

除了出售偏学术类的二手书籍，书店还致力于推动性别平权运动。门口显眼的地方放着彩虹旗和彩虹胸章，书架上陈列着黎紫书、贺淑芳、钟怡雯等马来西亚华人女作家的著作，以及亚洲最有影响力的女同性恋时尚杂志*LEZS*。此外，书店会请同志牧师来做有关同志话题的座谈会，还帮助女性手艺人销售她们的手工制品，每件作品旁边都贴心地附有一个创作的幕后故事。

吉隆坡，50000，Jalan Panggong，1 st，No.6H.S.Lee，78

10:00 ~ 20:00，周二店休

www.facebook.com/Moontree House

月樹
WELCOME
營业中 Welcome
請脫鞋
Please take off
your shoes
請脫鞋
Please take off
your shoes

○ 月树书店

东京中古店淘宝

文○将军
图○将军、视觉中国

我用酒精棉仔细擦拭着旧货店淘回来的油画，
从边框到画面，
从正面到背面，
像给婴儿洗澡。
旧东西果然会有腐朽的味道，
和落灰的味道是不同的。
当物件失去了主人的注视，
它会以更快的速度伤心老去。
王小波说：
“似水流年是一个人所有的一切，
只有这个东西，
才真正归你所有。”
此次日本之行，
买东西全凭信手拈来。
一拍脑门、一拍大腿的“模式”，
成为淘货的主要乐趣。
可能，
我们正是企图悄悄占有
其他人似水流年的贪心人。

○ 京都商店

日本举国珍视传统，唐风宋骨衣钵相传。落到买东西这件事情上，我们在数次过于爽快地掏钱包之后有了顿悟：大约因为审美趣味高频共振，日本风物天然受到中国人的欢迎啊！换言之，无论文化遗产、艺术创作，还是日常饮馔之器，比起其他国家的游客，中国旅行者更容易生出欢喜。所谓乍见之欢，久看不厌也。在东京旅行，我们并没有刻意逢迎古董大集，但如果恰逢其时，也势必要凑凑热闹。行前，旅伴分头做功课——凑热闹的“激安”（日语：特别便宜）之情，自然非常重要。

我刚从朋友那里得到了些许古董店的情报，心就已经雀跃起来。结果这乍见之欢渐渐超越事先制订好的行程，统治了大半时间。我们可以三过药妆店而不入，却怎么也不能放弃西荻窪这样的中古店聚集街区。要不是有“三百轴先生”的前车之鉴，扛回来的麻袋会多几个也未可知。

三百轴先生

方才提到“三百轴先生”的前车之鉴，不得不揭揭朋友的伤疤。

上一个秋凉的季节，我收到两轴古典字画卷轴。一幅是留白写意的秋栗落地水墨画。另一幅是草书，正应我的笔名：“林暗草惊风，将军夜引弓。平明寻白羽，没在石棱中。”

两幅字画来自日本，不古不今，一百多年前所作。送画的朋友是位艺术家，在美术方面颇有见地和造诣，偶然间在日本的字画店里淘回若干好货，甚是得意。同批淘到的墨宝里，竟还有艺术家井上有一的作品。

井上有一生于东京，虽出身贫寒，却凭着自身努力成了日本 20 世纪后期代表性的书法艺术家，其作品也是各大拍卖会上买家竞相追逐的精品。

○ 古董字画

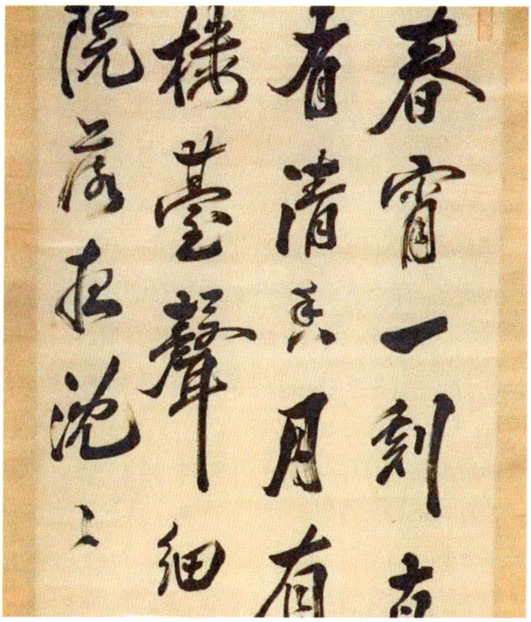

世人对他有定论：这是为数不多的真正把书法当作全部生命的艺术家之一。

妙手偶得的故事让我这位艺术家朋友幸福了好一阵子，直到一盆冷水泼下来。

一次，他在网上得知该字画店有一批字画正在处理，鱼龙混杂，正是撮堆捡漏的好时机。他豪爽包下三百轴字画，希望其中能有金玉者。然而，三百轴字画浩浩荡荡漂洋过海，终不过是无处安放的鸡肋，如山一样，让人沮丧。沮丧的倒不是别的，只觉得那次妙手偶得是一只饵，只好戏说："痛过了就知道水深，投机之心不可有，天真之心不可有。"

我去日本的时候，特别留意了博物馆中的日本国画作品，但并不十分喜欢，总觉得匠气浓郁。相比起来，日本人的饮馔器物兼修日常和禅道，可爱可玩可摩挲的比比皆是。挑选下榻的民宿时，我们也总会中意古早意味浓厚的旅居之所。日本人对"古"的珍视，总是令人叹服再叹服。而日语的明心见性也每每令我感叹，比如"骨董"一词，只需 0.1 秒就能打通汉字使用者的理解力，确实更为传神。

第一只茶碗

我突然领悟到日式茶道中的赞美程序，是在一个真正的茶会上。席间，主客之间互动最重要的内容之一，就是不惮琐碎的赞美。那天，我参加银阁寺茶会，茶道礼数方面的纰漏，便出在赞美不足上。茶会上，大家按照辈分排列作序之后，便开始逐一夸赞女主人的一切。从入门玄关处的插花到对方和服的高雅，从茶具的色泽质地形状到茶的色香甘。轮到我时，果然捉襟见肘感到已无夸赞的目标，急中生智学着林文月在《京都一年》中提到的：哪怕那已经破旧到磨灭了图案的地毯，也是极其有岁月意境的啊！女主人泛出满足而甜美的笑意。

席地而坐，茶杯不易打破，而当客人手捧精致的饮具时，心底自然生出受尊重的感觉。作为置办过茶席、举办过简单茶会的女主人，我十分清楚，哪怕是一只笨拙的抹茶碗、一个冷然的水洗、一个孤零零的茶罐，它们之间的联系和搭配都是无须赘言、只待知音的。

而拥有一套完整的日式茶席，当从拥有第一只茶碗开始。

出于偶然，我在筑地市场的一家杂货店里，被货架上高高放起的一只闪着幽蓝光泽的深色抹茶碗吸引了。它的姿态矜持高傲，但那幽光晦涩地一闪，又像给我发出了寂寞沉吟的信号。在如山如海一样堆积的商

○ 第一只抹茶碗

品里，只有它是发光的！

“傲娇”一词出自日语，意思是明明想要而又拒绝。“傲娇”就是这只茶碗当时的表情。我觊觎片刻，反复数了 3 次价签上“0”的数量，终于得到了钱夹的抗议，内心角力难分上下之际，忽然听到旁边路人由衷发出一声感慨：“好美的茶碗，可以给我看看吗？”我简直是立刻下意识地抱住它，说：“这个我买了！”

日暮时分回到旅馆，小心翼翼拆开层层叠叠显得过分隆重的包装，如愿得到包括民宿主人在内的赞叹，心满意足。

第一只抹茶碗，果然是“入坑”的开始。为了这只抹茶碗，我又配齐了全套日式茶具装备，颇是花费了一些银子。而我也并没有就此善罢甘休，又花了一些时日浅学日式茶道，希望当这只傲娇抹茶碗粉墨登场的时候，作为它的主人，能够得到客人哪怕是急中生智的谬赞。

两口铁锅

花树是我的“饲养员”，资深厨娘。我们在日本电影《小森林》里看到女主角用一只锤纹木柄的小锅煮红豆，在冬天的大雪里，厨房中红豆年糕蒸腾着甜甜糯糯的暖意，真让人念念不忘。

我只是心仪锅子的美貌，花树却可以发挥它的各种功用：煮香浓的味噌汤、煮拉面、煎鸡蛋……我们的日本之行，搜索重点自然包括寻锅。虽然并不刻意，我们却不曾放过任何有可能的锅具店、杂货铺和百货商场。从大雪覆盖的喜多方，到日光短暂的日光市，及至郊游胜地川越市，甚至大千世界的新宿、涩谷、秋叶原，最后竟然让我在夜雨潇潇的镰仓找到它们。当时它们躺在有些凌乱的货架上，店铺已快打烊，老爷爷架着花镜正在盘点算账。灯光很亮很暖，它们恰好在灯下。

当时行程已接近尾声，我们的行李已经超过负荷。想到要把它们打包、带上列车、拖回东京、挤上地铁、抵达机场、顺利托运、顺利入境，再辗转到家里的厨房，这其中迢迢，已经让负责行李的老牛挠头。花树举着大小尺寸不等的几只锅一个也不愿放下，两眼放光地说：“这个煮面的时候那个可以煎蛋！”老牛坚持着：“只能选一个！”

面临这种时刻，我有咒语可以化解纠结：5000 日元就能买来你夫人 10 个包包也比不上的幸福感，这买卖划算！

果然一语说服老牛，两只锅装在行李中，丁零当啷带走。

两把旧铁壶

○ 铁壶

我的朋友连野老师，想必是心有不甘的。两把稀松平常的铁茶壶，被海关处理成了高价古董，只能在课以重税和打回原籍之间选择。虽然是拍卖品，但由于年份不久，品相一般，并不是值钱的物件。当初拍下它们，只是因其旧旧的光泽和笨笨的样子，恰好符合心意，就随手结缘。没想到入境时遭逢坎坷，还是被退回东京，找朋友先收容。连野老师说，这些流连世间的东西，本不属于自己，我只是有幸或无缘保管它们一些时日罢了。

喜欢与出手

在日本淘宝时，表哥正发愁如何给友人挑选生日礼物。恰好一起逛到瓷器店，我便帮忙选了一套唐羽壶作生日礼物。我又建议他买一块日式花布作包袱皮将礼盒扎好，送人有雅有趣，表哥如释重负。我又看到一片黑金色金属感的叶形瓷器，尤爱，揣上。表哥问："这个能装什么啊？"我自动翻译以后听到的分明是："这么小的东西什么也装不下，买来干吗？"我嘿嘿一笑说："装什么都行啊，做味碟放酱油和芥末，做首饰盒放项链戒指，多买几个不后悔呀。"表哥触类旁通："还能当优盘架！"勉强买了一个。

后来，先于我们回国的表哥发来消息，询问是否还会经过这家瓷器店。原来是"优盘架"受到众人青睐，手信不够分了！幸亏还有后悔药。

后来在东京偶遇嫁作新妇的老朋友，谈及异国生活，最大的感叹竟然是买东西须谨慎，因为扔旧物不易。日本垃圾分类极细致，大件的废旧家电和家具更需要联系市政，付费运走处理。这使得日本人每一次掏腰包之前，都必先反复思量，尽量选品质好、可以长久使用的物品。买与不买，都要想清楚有没有后悔药啊。

○ 东京大江户露天古董市场

如果

有的还戴『手表』，帅呆了

临时展览往往比永久藏品更引人关注

『注意：此展可能并不适合所有观众』

这不是梦境，又有如梦境

『无界限、无顺序、无终点』

假若蝴蝶死去的速度超过了出生的速度

这个作品也就结束了

在这里，你也不可能第二次看见同一条光子瀑布

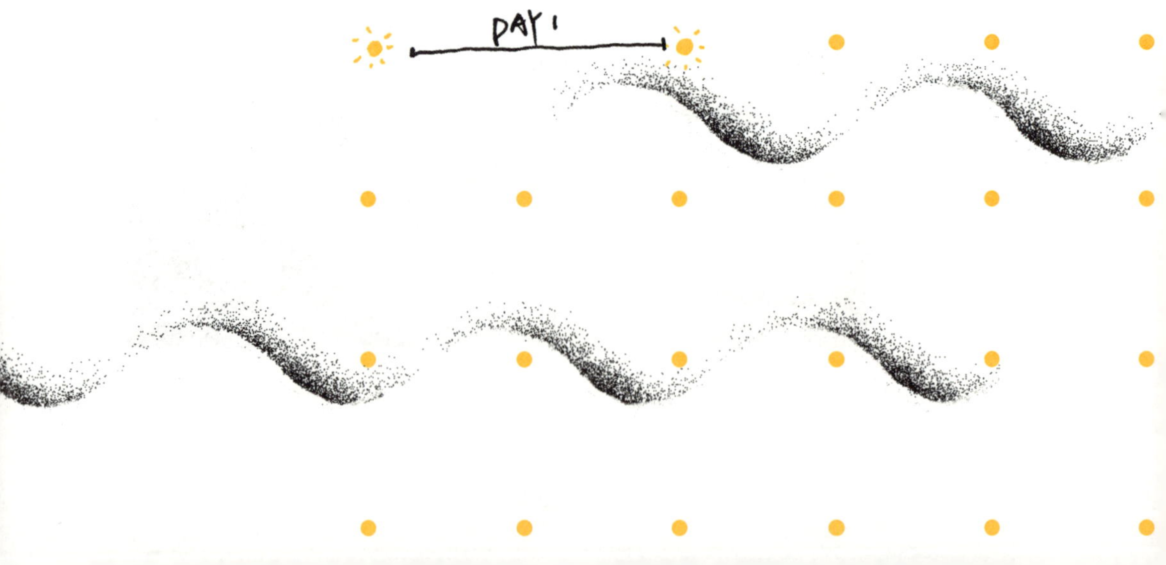

只有1天

它既在上海，又远远超出上海的范围

新艺廊的德奥属性不仅限于视觉，还包括味觉

逛一座百科全书式的博物馆，诀窍是不可面面俱到

带翅膀的男精灵们个个拎着精致的『手袋』

上海艺术之魅，从西岸开始

文◦谢媛
图◦庄方

提到上海，
陆家嘴和田子坊也许是很多人行程清单中的重要目的地，
无论是穿梭于国际一线品牌齐备的 Shopping Mall 血拼，
还是去昔日的租界区体验一把梧桐树下的浪漫，
都能让你尽情领略国际大都市的风情。
然而，上海还有另一种打开方式，
能让你一步穿越到另一个充满感知力的时空。
它既在上海，
又远远超出上海的范围。
它就是艺术。

◦ 复星艺术中心

如果要问上海“最”当代的艺术之地在哪？答案一定是西岸。

“上海西岸”是一个区域，位于徐汇区东南域，北起日晖港，南至关港，东临黄浦江，西至宛平南路—龙华港—龙吴路，紧邻徐家汇、龙华历史文化风貌区，与世博园区、后滩花园隔江相望，面积约 9.4 平方公里，岸线长约 11.4 公里。

上海西岸有着可以媲美伦敦南岸、巴黎左岸的迷人滨水环境，同时也正在增添众多文化艺术机构。这里已经聚集了大批的艺术场馆，成为城中艺术家和青年们的心中热地。最让人期待的是，西岸的未来还未可知，一切仅仅是在开始阶段。也许在不久的将来，它将可以与左岸或南岸齐名，成为世界级的艺术舞台。

第一站 煤漏斗与天价收藏

龙美术馆（西岸馆）

地址：龙腾大道 3398 号
开放时间：每月的第一个周二为免费开放日（特展除外）
票价：特展 50 ~ 200 元

如何在美术馆里摆个独特的 Pose？怎样与美术馆的展品来次有趣互动？在这里，你可以尽情发挥想象力……

位于徐汇区龙腾大道的龙美术馆（西岸馆）算是西岸的标志性美术馆了，是由国内知名收藏家夫妇刘益谦、王薇创办的私立美术馆，是国内最具规模和收藏实力的私立美术馆，在 2 座城市（上海、重庆）拥有 3 家美术馆（西岸馆、浦东馆、重庆馆）的美术馆品牌。

龙美术馆的外观是理性冷静的工业风与原始风的相互呼应，既复古又当代，主体建筑以独特的“伞拱”结构为特征。尤为特别的是，美术馆外场地上还留存着 20 世纪 50 年代建造的宽 10 米、高 8 米、长 110 米的煤漏斗卸载桥。这是原北票码头构筑物“煤漏斗”，通过改造之后变身成为时尚艺术空间“斗廊”。天气不错的时候，它既是上海市民江边休闲好去处，也是不少网红街拍、广告大片的拍摄地。

美术馆的内部设计同样可圈可点：地上一层和二层为绘画、雕塑、装置、新媒体等当代艺术的展示空间。地下一层为中国古代艺术珍品及民国时期美术作品的常设展示空间，尽显中国传统艺术的历史传承与博大精深。

除了建筑，天价收藏品也是龙美术馆的一大看点。丰富的馆藏大都购自国内外重要拍卖会、艺术博览会，不少曾缔造了世界拍卖纪录的珍贵拍品，如今可都是龙美术馆的镇馆之宝，其中包括：2.8 亿港元（约合 2.38 亿人民币）的明成化斗彩鸡缸杯、3.48 亿港元（约合 2.96 亿人民币）的永乐御制红阎摩敌刺绣唐卡、3.08 亿人民币的王羲之《平安帖》以及 1.7 亿美元（约合 11.28 亿人民币）的莫迪利亚尼《侧卧的裸女》等一系列重量级藏品。

龙美术馆近年来也引进了不少国际性展览，如 15 个房间、詹姆斯·特瑞尔回顾展等，而诸如“伦勃朗、维米尔、哈尔斯：莱顿收藏荷兰黄金时代名作展”这样的艺术珍品展，更是让人赞叹。要知道，莱顿收藏是目前全球拥有 17 世纪荷兰艺术画作数量最多、最重要的私人收藏之一，这些展品就出现在龙美术馆的地下展厅，荷兰黄金时代画作在中国得到了有史以来最大规模的展示。

第二站 外表严谨的乌托邦

西岸画廊集聚区

开放时间：大部分画廊开放时间为 11:00 ~ 18:00
票价：免费

过去，上海画廊大多开在“寸土寸金”的洋房中，或开在莫干山路等老牌艺术区，但西岸得天独厚的地理环境，让这里成为画廊主们的新宠。近些年西岸区域成为最紧俏的上海画廊聚集地，甚至有不少国际画廊都在准备“排队”进入西岸，这里着实算得上是上海画廊区的新兴“乌托邦”。

在西岸欣赏艺术，也是对看展“体力”的一次考验，强烈推荐你骑一辆共享单车，沿着西岸专设的自行车道，吹着江风一路前行，很是惬意。

我的下一站是龙腾大道 2879 号。

○ 西岸一角

别看这里外观是中规中矩的商务区，但里面的这几家画廊却是各有特点：一层是2002年在韩国天安创立的阿拉里奥画廊（Arario Gallery），它拥有韩国天安、首尔和上海3家画廊分支，也是推广韩国艺术的亚洲代表画廊之一。

画廊创始人——韩国人金昌一本身也具有传奇色彩：他拥有多重身份，不仅是蜚声国际的收藏家，曾多次入选美国*Art News*杂志“百大藏家”名单，还是真正的事业型“多面手”，其实业覆盖百货、餐厅、高速、电影院等多个领域。他不但是画廊和美术馆的创始人，同时也是位艺术家。在这里，你可能会看到金昌一的重要收藏，也可能看到不错的韩国乃至亚洲当代艺术家的作品。所以，如果想了解更多韩国当代艺术，阿拉里奥画廊是不容错过的。

同样位于一层的没顶画廊是由中国当代艺术家代表人物之一徐震创办的。徐震一直在对传统艺术的定义和认知做出挑战，他将自己上海的空间变成了调侃西方画廊概念和推广实验艺术的场地。画廊还设有徐震商店（Xu Zhen Store），出售没顶公司生产的徐震品牌限量版艺术品。

位于二层的是马凌画廊，由马凌夫妇——江馨玲女士（Lorraine Malingue）与马凌先生（Edouard Malingue）创立。之前这家画廊一直设在香港，2016年，画廊将分支开到了上海西岸。

三层的东画廊成立于2007年，它最早设立在上海市中心一栋20世纪20年代的黑石公寓内，2017年也迁入西岸。

第三站 艺术家和大油罐

继续骑着单车来到龙腾大道2555号，这一片区是西岸着力打造的综合性文化艺术示范区。

示范区以西岸艺术中心为核心，北侧十余处建筑分别是上海摄影艺术中心、香格纳画廊西岸、艾可画廊、乔空间等文化机构。这里是在本地生活的人们最喜欢的宁静空间，而对艺术上瘾者来说，这里也是绝佳的过瘾目的地。

西岸艺术中心

西岸艺术中心由原上海飞机制造厂房改建而成，总建筑面积达10,800平方米，一方面通过保留原厂房建筑的大跨度空间的完整性，展

地址：龙腾大道2555号
开放时间：根据不同展会、文化活动不定期开放
票价：免费

现原有空间的震撼力，凸显出新旧交合的时间印迹；另一方面，通过将东西立面山墙打通处理，给这座有着工业遗迹感的建筑带来全新的姿态。西岸艺术中心每年举办的重要艺术活动首推西岸艺术与设计博览会。自创立以来，这里已然成为国内外顶尖画廊在上海参加艺术博览会的重要选择之一。

上海摄影艺术中心

在上海摄影艺术中心，空间与摄影、光与影的艺术实现了某种统一：它的独特空间由美国建筑师 Sharon Johnston 和 Mark Lee 设计，颇具特色，数个半椭圆形展厅构成了这个艺术中心——三间向内凹向一座三角形庭院，三间向外凸向场馆空地。内墙呈平缓的曲线，高耸的天花板和新月形天窗既能让柔和的自然光线照进展厅，又不影响观众对作品的体验。

地址：龙腾大道 2555 号 -1（丰谷路西岸艺术中心前）
开放时间：周二至周日 10:30 ~ 17:30，周一闭馆
票价：免费

○ 上海摄影艺术中心

摄影中心创始人是美籍华人、著名摄影家刘香成，从创立之初，他就志在将国际前沿的作品和观念带到上海，所以摄影艺术中心 70% 的展览时间都用于展示国际摄影作品。如果你有空多来走走，也许有机会见到刘香成先生，当面问问那些经典照片背后的故事。

香格纳画廊

香格纳西岸与西岸艺术中心相邻，从外观上看，就是大牌画廊该有的样子：两层的空间，典型的“白盒子”建筑，错落有致的方形玻璃窗布局，整个空间看起来极具动感，与南侧的西岸艺术中心平直稳定的建筑轮廓相映成趣。香格纳画廊 1996 年就成立了，不过这是一家“不服老”的画廊，20 年来它一直与全世界的知名艺术院校保持互动合作，还将画廊开到了北京和新加坡。在西岸开幕时举办的“Holzwege——香格纳画廊西岸新空间开幕展”就曾引起过不少关注，画廊长期合作的艺术家众多，精彩不断。

地址：龙腾大道 2555 号 10 号楼
开放时间：周二至周日 11:00 ~ 18:00；周一闭馆票价：免费

○ 香格纳画廊

地址：龙腾大道2555-5号
开放时间：周二至周日13:00 ~ 19:00
票价：免费

乔空间

乔空间是中国重要收藏家乔志兵先生的私人展示空间，他在西岸开展了一个宏大的艺术计划：他将原来位于滨江龙华机场旧址的5个油罐罐体，打造成了“油罐艺术公园”的核心地标。

油罐艺术中心由OPEN建筑事务所设计，其设计包含3个主要部分：5个油罐罐体及将其连通的超级地面（Super-Surface）、都市森林和城市广场。

5个独立的油罐由“超级地面”，即覆土绿化的一个新地面连接起来。“超级地面”之上是开阔的公共艺术公园，之下是灵活宽敞的室内展览及服务空间，这也是全球第一个将油罐罐体改造成艺术空间的尝试。远远望去，这5个白白胖胖的“大碉堡”如何以艺术的方式进行变身，着实令人期待。

第四站 造出艺术新高的飞机工厂

地址：徐汇区丰谷路35号（靠近龙腾大道）
开放时间：周二至周日10:00 ~ 21:00，20:00停止入场；周一闭馆
票价：特展100~150元

余德耀美术馆

西岸艺术之旅的最后一站，我们以余德耀美术馆作为压轴。

余德耀美术馆的创始人是印尼华人企业家、艺术慈善家和收藏家余德耀。作为亚洲重要收藏家之一，他的收藏涵盖亚洲艺术和西方艺术，其中装置艺术收藏品是重要分支。

美术馆的建筑由原有龙华机场的大机库改建而成，在总面积9000多平方米的建筑中，老机库改建的主展厅就占了3000多平方米，巨大空间与张扬的结构，与主人的装置藏品相得益彰。余德耀美术馆的展览并不算多，但开馆以来，一直在当代艺术领域上保持着高品质。

近年来引入的话题类展览，比如“雨屋”和“贾科梅蒂回顾展”，每一场展览都会成为城中热议话题。美术馆也会不时引进些品牌艺术特展：如优衣库携手潮流艺术教父KAWS亚洲首次大型个展“始于终点”就曾引发KAWS粉丝的狂欢。

在维持原有的老机库风格基础上，美术馆以青葱树木和明亮开放型玻璃厅为主，重新设计的建筑空间不仅能够适应庞大展览的需求，在偌大的玻璃厅还设有咖啡厅、餐厅、商店和特别展览室。

玻璃厅内多层次的结构布局随着我们的穿行高低错落地移动着，在余德耀美术馆行走和观看，就仿佛身处一片“都市森林”之中。

○ 余德耀美术馆内部

艺游莫斯科

文○王愔嫕
图○王愔嫕、视觉中国

○ 普希金美术馆

“莫斯科有什么
年轻人喜欢去的地方？
最好有艺术范儿的！”
我问向导 Yulya。
“这种地方真是太多了！”
Yulya 来了劲头，
“Winzavod 和 MMOMA
就很有意思，
Garage 也很不错。
啊！
Artplay 和 Winzavod 挨得很近，
有时间的话也可以一起去看看！
哦对，
还有扎里亚季耶公园，
是世界杯前才建好的，
在里面逛逛会很舒服……”

扎里亚季耶公园

扎里亚季耶公园（Park Zaryadye）位于莫斯科中心地带，从红场步行过去只要 10 分钟左右。公园占地面积很大，足有 10 公顷，在 19 世纪是犹太人的居住区域，之后这里曾计划建造一个欧洲最大的酒店，但是没过多久计划搁浅了，这里就成为市中心的一片空地。

2012 年，莫斯科为它举行了一次规划设计竞赛，随后将这里改造成了一片公共生态休闲空间，并于 2017 年正式开放。公园里种植了白桦树等多种俄罗斯特色植物，草原、湿地、森林等多种生态元素彼此交融。公园中有一座十分独特的“玻璃扶手”桥——整座桥隐形于周围景观之中，穿过莫斯科河又折回公园。从桥上向两边看去，好像腾空漫步在莫斯科河上一样，很多游人在这里驻足拍照留念。我们经过时看到桥边的草地上，两个小男孩正在爸爸的带领下从高高的坡上骑着车往下冲，围观的人群举起双手为他们呐喊助威。远处是在此散步骑行的人，他们穿着厚厚的衣服与我们擦肩而过，步履匆匆，在寒冷的空气里留下一个个潇洒的背影。这片位于市中心的公园为市民创造了一处亲近大自然的生态空间，让人们可在此散步、小憩、呼吸新鲜空气，也让拥挤的莫斯科市中心生机盎然。

·······

Gastronomic Center Zaryadye

这个美食中心位于扎利亚季耶公园内部，呈半地下式的小山丘形状，内部由 8 个不同的餐馆组成，供应以俄罗斯地方菜为基础的餐食。这里还有一个适合素食主义者的专区。

·······

飞越莫斯科

公园 Media Center 中的电影院是一个充满球形屏幕的空间，一次可容纳 60 位观众，参观者有机会在这里观看 4D 电影。观众就座后，工作人员会来帮忙系好安全带。观影过程中座椅会升空，让你“飞越”整个莫斯科，穿过云层的时候场内还会伴有喷水、潮湿空气和轻微气流震动的效果。

车库当代艺术博物馆

大名鼎鼎的高尔基公园坐落于莫斯科河畔的绿荫中。在公园步行一段，便能在树枝掩映中发现一栋极具工业时尚气息的建筑——Garage。

Garage 的全名是车库当代艺术博物馆，它是莫斯科人气最高的现代艺术展览场所之一，创始人是莫斯科艺术精灵达莎·朱可娃（Dasha Zhukova）。这里早先是一座以钢筋混凝土为基础建成的苏联老式餐厅，已经废弃了二十余年。经过荷兰建筑大师库哈斯的一番设计改造后，在原址上笼罩了环保树脂墙面，整体观感极具现代气息。内部设计在加入现代元素的同时又保留了旧时印记，比如早前建筑内的混凝土梁、楼梯，以及掉了皮的马赛克墙砖等。

露天电影院

“车库”除了有两层展览区域外，还设有儿童娱乐中心、商店、咖啡厅、讲堂等，门前广场上的露天电影院也是其一部分。电影院会不定期放映艺术电影，夜晚还会亮起绚丽的霓虹灯招牌。广场周围的空间里，也散落地摆放着装置艺术，整个区域都充满活力。

wwwgaragemca.org

车库当代艺术博物馆

展品以装置影视作品为主，主题多关注空气、水、人造产品、工业污染、人类对大自然的损害等，呼吁人们热爱环境。还有一些雕塑作品是由关注残障人士的艺术家制作的，盲人参观者可以用手直接触摸展品，搭配上盲文讲解词，让他们通过触感完成对艺术品的欣赏。

展厅的整体设计非常先进，并且许多地方都有设计师留下的惊喜，比如“一间密室”，如果你不够小心，说不定就错过它了。来到这里要留意微小的细节：厚重的墙壁上有一个小小的提示标语“push”。按照指示推一下，一间独立封闭的小展厅就出现了！

美术馆外还设有众多私人小画廊，感兴趣的话可以在那里购买一些画作。

www.tretyakovgallery.ru/for-visitors/museums/novaya-tretyakovka

新特列季亚科夫美术馆

说到莫斯科的美术馆，很容易想到特列季亚科夫美术馆或普希金美术馆，前者汇集了俄罗斯优秀的本土艺术作品，后者则代表了莫斯科收藏世界艺术品的巅峰。这次来到两座美术馆的新馆，我们有了更多发现。

新特列季亚科夫美术馆位于莫斯科河边雕塑公园的一栋苏联时期的大楼里，主要展示 20 世纪俄罗斯艺术品。场馆本身不是新建的，只有展览室是新装修的，内部空间非常大，还有深具苏联建筑特色的粗犷浑厚柱子和平台。

与旧馆展示 18 ~ 20 世纪画家的作品不同，这里主要展示从俄罗斯抽象派全盛时期到社会主义现实主义时期的作品，不但有马列维奇、夏加尔、康定斯基等先锋派艺术家的作品，还有代表着苏联解体前典型社会主义形象的艺术作品，比如很多男人手拿镰刀、女人捧着篮子等象征民族大团结和丰收的作品。另外，这里不仅举办俄罗斯伟大艺术家的大型回顾展，还会推出年轻作家的实验性展览。

从二楼下来，我看到不少年轻人手拿画板在这里走来走去，便好奇地与工作人员聊起来。工作人员告诉我："这些都是我们的艺术教育普及课程，因为现在教育部门发现中小学生的艺术课程普及不够，所以有些学校会带着学生们来这里上课学习。而且学生们可以从网络上观看我们录制好的课程，这样在家也能学习了。"

普希金美术馆之 19 世纪和 20 世纪美术馆

19 世纪和 20 世纪美术馆位于普希金美术馆主馆的西南方，与主馆只隔着一条马路。它所在的地方最早是俄国贵族世家戈利岑家族的宅邸。新馆的主要馆藏来自莫斯科收藏家谢尔盖·休金和伊凡·莫洛佐夫，馆内不仅有法国印象派、先锋派等流派的杰出作品，还有浪漫主义、现实主义、学院派、象征画派、抽象派等各类艺术流派的作品。不过馆内最著名的还是 19 世纪印象派大师们的原作，它们无疑对艺术爱好者有着莫大的吸引力，光是想想这些伟大画者的名字，就让人挪不动腿。不凑巧的是，当我怀着极大的兴趣，准备好好感受一番莫奈、德加、西斯莱等著名印象派画家的真迹，仔细体会他们带来的色彩震撼时，却被告知藏品展厅关闭了——我们碰巧赶上了路易威登基金会在这里举办为期 3 个月的交

19 世纪和 20 世纪美术馆未配中文服务，不过在主馆可以租用中文讲解器，并可领取中文地图。

pushkinmuseum.art

流展，馆内此刻仅保留了交流机构的展品厅，我们满心遗憾，匆匆参观后便离去了。

莫斯科现代艺术博物馆之德米特里 · 纳尔班扬工作室

MMOMA 就是 Yulya 在邮件中向我极力推荐的那家艺术博物馆。一行人下车后，经过特维尔大街和一栋粉红色的市政府大楼进入了一个小区，来到一个类似中国筒子楼的平板式建筑下——它的单元门旁竟然挂着 MMOMA 的牌子！

原来，MMOMA 是 Moscow Museum of Modern Art 的首字母缩写，全名叫莫斯科现代艺术博物馆，由 4 个坐落在莫斯科历史中心区的主要场馆，以及散落在城中的多位艺术家故居或工作室分馆组成。这个筒子楼似的建筑便是工作室中的一间——苏联时期著名肖像画家德米特里 • 纳尔班扬（Dmitry Nalbandyan）的故居兼工作室。

进入单元门，我们跟着居住在这里的居民一同坐电梯到达了 10 层，一间很普通的家用防盗铁门出现在面前。敲门进入，屋内的陈设保持着画家居住时的样子，进门后工作人员热情地将我们的衣服挂在门口的家

博物馆不仅展示纳尔班扬本人的作品和个人收藏品，还是举办艺术活动和绘画课的“课堂”，时常会有教育机构或学校组织学生前来学习。

www.mmoma.ru

德米特里纳尔班扬工作室

用木质衣架上，让我有种到朋友家做客的感觉。

工作人员告诉我们，多位苏联政治家、领导人及外国贵宾都曾到纳尔班扬家中请他绘制肖像，据说斯大林为了让他画草图，曾经整整站了40分钟。这位画家也因为画肖像结交了很多名人朋友，著名苏联宇航员加加林就与他是亲密的伙伴。他家里客厅一进门处的天花板上，还有他和加加林一同安装的吊顶电风扇，现在还可以使用。

纳尔班扬生于亚美尼亚，在格鲁吉亚长大，之后来到俄罗斯学习。他一生共画了5000多件作品，但大多数收藏在博物馆，并不在他的家中，家中只展示他舍不得送出的风景画和他为妻儿画的作品。纳尔班扬在1993年去世前，致信莫斯科政府："我将我的家和家中30多幅作品赠送给政府，条件是，它们不能离开我的家。"政府同意了。直到现在他的妹妹一家还住在他的楼下，维护和经营着他的展品。

Winzavod 当代艺术中心

尚未抵达，就能感觉到以Winzavod为中心散发出来的艺术气息——街边的涂鸦越来越多，打扮时尚的年轻人也越来越多。

这片艺术区原本是19世纪的一座葡萄酒厂，酒厂废弃后于2007年被商人Roman Trotsenko买下并改造成艺术区，是俄罗斯首个、也是截至目前最大的一个艺术中心。

改造者保留了原酿酒厂的整个园区，以红色砖墙与白色基座为主色调。原先的工业厂房变为现在宽大的展览空间，幽深的地下储酒室也改作了展览空间。这些大空间让这里拥有了各种实践创意的可能性。与其用艺术区来定义这里，倒不如说它更像一个小镇。

小镇中除了有不同的展览空间之外，还集聚了众多年轻艺术工作者的个人工作室，有几家几乎从不对外宣传，只有真正热爱的人才会知道，颇有"酒香不怕巷子深"的气派。Yulya说，很多热爱艺术的莫斯科年轻人都会来这里参观，他们还会购买艺术家们亲手设计的衣服、鞋子、饰品作为纪念，这些东西大多都是"仅此一件"的。

Winzavod附近的artplay聚集了众多建筑设计公司、家具展馆和古董店，值得一逛。

www.winzavod.ru

在日惹感受爪哇岛的艺术灵魂

文○宥文
图○视觉中国

走在日惹苏丹皇宫区的白墙内，
绘着涂鸦的低矮民房
传出规律的敲锣声响，
皮影戏即将进入打斗高潮。
皇宫内的凉亭下，
舞者跟随轻盈而复杂的甘美兰伴奏，
演绎着印度史诗《罗摩衍那》的传奇；
宫墙之外，
爵士乐爱好者们在华灯初上的夜晚，
齐聚城市某处空地，
感受音乐分享会的愉悦。
这个位于爪哇岛中部的古老城市，
正凭借其悠久历史和对文化的包容性，
变得愈加缤纷。

○ 普兰巴南遗址

随神话传说诞生的艺术

“日惹是个大熔炉，”当地小学老师Tia说道，“你可以在这里喝咖啡、吃粿条，然后寻找本地神话、印度教遗址、佛教高塔和苏丹王的故事。”

夕阳西下的午后，我和Tia一起在老城区的白墙内散步。自从公元8世纪开始，日惹就是印尼权力和艺术的中心，即便后来雅加达被定为首都，前者的地位也没有因此动摇。如今，苏丹皇宫(Kraton)和水城(Taman

Sari）等皇家建筑与咖啡店、艺术廊和学校混杂的老城，依旧是当地人的生活中心。我们经过种着两棵巨大榕树的 Alun Alun Kidul 广场，在巷中找到了苏丹王子宫殿改建的餐厅兼酒店 Ndalem Ngabean。平日，这里会向旅行者提供传统的爪哇菜自助午餐，到了周末，这里则摇身一变，成为当地人举办婚礼的浪漫之所。而今晚，因为有公司在此举办晚宴，高耸的皇家大殿之下将有爪哇古典舞演出。

晚宴伴随轻柔舒缓的甘美兰（Gamelan）乐声进行，这种介于摇篮曲和抒情爵士风格的爪哇岛传统音乐，由钢片琴、木片琴、锣、鼓等十几种乐器协奏演出。根据本地神话传说，诸神之王山阳古鲁（Sang Hyang Guru）需要一种召唤神祇的器具，于是发明了锣，也就是甘美兰的第一种乐器。不过，真实情况倒很可能是古爪哇人坐在屋中，听着斗大的雨滴随热带的闷雷声从天而降，雨水敲打竹制屋顶发出的清脆声响，以及跳弹到芭蕉叶发出的结实闷响，启发他们创作出了这种悠扬的乐器

○ 甘美兰表演

Mandira Baruga Purawisata

紧邻老城东侧的演出舞台，同时也是酒店和餐厅。每晚 20:00 有“罗摩衍那芭蕾”演出，非常受团队游客欢迎。可通过官网（www.purawisata-jogja.rezgo.com）订位，通常包含一顿自助晚餐。提前 2 个月预订有优惠。

合奏模式。尽管甘美兰出现的时间很可能早于1世纪，但直到8世纪，日惹城西北部的婆罗浮屠（Borobudur）才有了相关的浮雕记载。画面中，锣、鼓、竹笛、碰铃、拨弦及拉弦等乐器已存在，但尚未出现钢片琴及木片琴。而今所见甘美兰的乐队（sekaha）模式和乐器种类，则要到13～15世纪的满者伯夷国（Madjapahit）时期才逐渐形成。

华灯初上，日惹市内吹起徐徐凉风。晚宴结束，凉亭下演奏的甘美兰乐队突然加快了节奏，身着金底黑边裤裙的罗摩王子——印度史诗《罗摩衍那》故事的主角——身背弓箭，携夫人悉多登场了。从1世纪开始，印度文化先后通过印度教和佛教传入爪哇岛。8～11世纪，在马打兰王国（Medang Kingdom）等信奉古印度教、佛教的王国的统治下，《摩诃婆罗多》《罗摩衍那》等印度文学被翻译为古爪哇语。自此，日惹、梭罗一带模仿动物形态的祭祀舞蹈，开始加入印度史诗中的人物、服装和装饰元素，并根据发展地点分为两类，分别是民间舞蹈和由苏丹王室赞助的宫廷舞蹈。

今晚舞台上呈现的，正是日惹的宫廷舞蹈“罗摩衍那芭蕾”。演出中，舞者从头到尾没有任何对话，只是踩着节奏在凉亭下，或走，或双手摆出不同手势，两腿基本保持半蹲，头部不动，目光呈一定角度的俯视。人物剧情的转折也随着音乐起伏展开——某处锣声突然加快，魔王罗波劫走了悉多，于是罗摩王子动身寻找，并请求得到猴王哈努曼的协助；拉弦放缓，鹰王败于魔王，倒地不起；最后，所有乐器同奏，罗摩王子成功击败魔王并救回悉多。

舶来的艺术发扬光大

第二天，沿着广场西侧的Jl.Patehan Lor小巷行走时，一栋不起眼的矮房吸引了我们的注意。临街庭院挂着Putro Wayang（木偶戏）招牌，榕树从屋顶穿出，门口则坐着两个人：一位借助小锤子和细长锥状的工具，在水牛皮上刻出各种花纹；另一位在刻好的皮影上涂石灰，以方便上色。

走进屋内，正中央立着一张白色幕布，下方堆满繁复的皮影和一组小型的甘美兰。皮影演出内容通常出自《摩诃婆罗多》和《罗摩衍那》，其中拥有白色皮肤、尖尖鼻子、细长眼睛和苗条身材的，通常是正面人物；而红色皮肤、铜铃大眼、宽鼻阔嘴、身材粗犷的，则基本是反面人物。值得一提的是，虽然皮影戏的故事内容取自印度史诗，却承载着印尼人

○ 日惹皮影

对生活的理解，即“人无完人，神亦如此”，俨然是一种寓教于乐的艺术。

演出前，屋主把房门关上，室内立刻陷入黑暗。后方电灯亮起，白色幕布散发出柔和的光芒。表演者和观看者分坐幕布两侧。在鼓、编钟等乐器伴奏下，表演者脚夹小铜锤不时敲打旁边的金属片，双手操纵竹竿，让皮影做出手持酒杯、射箭等各种动作，同时配合场景吟唱台词。

离开皮影作坊后，我们向老城区外出发。距离南城墙不到 500 米，有一栋在此经营超过 70 年的蜡染工作坊 Batik Winotosastro，创始人 Ibu Hani 夫人依旧精神奕奕，前一秒还在前院纪念品区的收银台看账，后一秒又到内院区查看工作人员状态。院中，十几位工作人员低头提着尖部如鸟喙的铜制注蜡器，以四五人为一组，在 3 米多长的白布上描绘着。不远处有一排木柜，里面放着刻有不同图案的印染模，算是手工蜡染中的“机械化”道具。内院与染坊相连，里面有几个染色池和水汽蒸腾的大锅，角落则堆着熔化后又凝固、等待重新使用的蜡。

蜡染（Batik）是一种相对原始的染布方法，在埃及、印度和日本等国均出土过相关文物，印尼也不例外。1 世纪起，受印度和东南亚文化的影响，印尼本地的原始信仰开始融入他族的宗教传说和符号。阿拉伯、中国、日本等文化也随着贸易传入印尼，进一步促进了当地蜡染发展，多元的图腾和颜色不断出现，如印度教鹰神迦楼罗（Garuda）和青花色的祥云。16 世纪中期，以日惹和梭罗为中心的中爪哇地区形成苏丹国，因为坚持万物有灵的传统和伊斯兰教义，生物形象逐渐化为圆形或波纹线，两地都形成了皇家几何图形的蜡染风格，描绘的形象包括抽象化的刀剑和棕榈果等。

Wayang

Wayang 在印尼为“木偶戏”的总称，从表演形式上分类，又可分为使用木制人偶的 Wayang Golek，以及人戴面具演出的 Wayang Gedog（也称 Wayang Topeng）。以日惹为发展中心的爪哇皮影戏（Wayangkulit）最为出名，已于 2003 年被联合国教科文组织收入《人类口头和非物质文化遗产名录》。

○ 设计蜡染图样

○ 日惹传统蜡染

直至今日，蜡染服饰已发展为印尼“国服”——巴迪衫。印尼政府甚至规定，凡参加全国性的重大节庆，如独立日和建军节，政府官员都必须穿巴迪衫。而在日惹，当地人或多或少继承了对文化传承的责任感，穿传统服饰已属日常习惯。走在城市街上，经常看到人们身着巴迪衫，骑着摩托车快速穿梭，老城区更是随处可见蜡染工坊。若来到购物中心马里奥波罗大街，在人行道旁的摊位和传统市场 Beringharj 的小铺内货比三家时，你将发现自己也不知不觉地加入了和当地人一同试穿和砍价的队伍。

2009 年，蜡染也被联合国列入《世界遗产名录》，印尼政府将 1 月 2 日定为蜡染日(Hari Batik Nasional)。这一天，全国人都会穿上巴迪衫，来庆祝这代表“包容艺术”的国服。

偶遇日惹现代艺术

漫步日惹古城时，很难不去注意到这里丰富的街头涂鸦，从古城白墙、商铺铁门到废弃路边的汽车，都是不知名艺术家们的天然画板。有时候，经过一栋看似无人的房屋，却能听到里面传出爵士乐的律动。日惹悠久的城市历史带来了丰富的传统艺术（虽已显出程式化的疲惫之感），但并未成为本地文创的枷锁，反而以包容之心欢迎五湖四海的艺术家来此交流。近几年来，日惹的画廊、艺术村、咖啡屋、乡村酒馆等场所如雨后春笋，成为艺术家们的绝佳舞台。

Jeblog 艺术村就是其中之一。这个位于老城西南 5 公里处的村落，曾因为青少年犯罪率高而恶名远扬。于是村内年轻人决定成立一个非营利组织，先有计划地推动工作坊转型以改善经济——如将皮革厂转为竹制家具厂。2017 年，他们举办了 Jeblog Kawistar 文化艺术节，希望借由邀请国内外 37 位艺术家到此创作的契机，来美化环境以提升村庄印象。学校、仓库、家屋和围墙被转化为大画布，让艺术家们尽情挥洒。

我们好奇询问当地年轻人如何推动这个活动，得到的答案是“Arisan”——一种轮转储蓄方式，概念类似共享经济。社区内民众投入一点积蓄，聚沙成塔，然后轮流提取使用。这不仅为经济欠佳的村落提供了小额融资，也成为社交聚会的重要一环。

追求知识共享的 KUNCI，是日惹最早的文化机构之一，借由组织各式共学计划，汇聚了来自不同背景的学生、艺术家、建筑师等。他们共同探讨公共空间生产与再制、科技与媒体、家族史等议题，然后一起举办展览、社区聚会、艺术节、制作出版品等活动。与此同时，不同的艺术家也透过经营艺术空间和餐厅，来推动当地艺术家走向国际。Nindityo Adipurnomo 和 Mella Jaarsma 于 30 年前设立的 Cemeti 艺术之家（Cemeti Art House），以及 Kedai Kebun Forum（KKF）是集合了画廊、表演空间、商店和餐厅的场所，都是个中翘楚。

就是在这些不同机构的推动下，日惹的现代艺术得以蓬勃发展。画廊经常会有艺术展，餐厅、咖啡屋和酒馆随时有即兴演出，各种节庆层出不穷，私人住宅内举办的甘美兰音乐会也欢迎陌生人参加。最让人振奋的是，仅少数活动需要门票，所以一般不需要提前订位，只要到场就行。对旅行者而言比较有挑战的是，上述活动很少事先宣布，网上能查到的资讯也非常少。最好的办法就是认识当地新朋友。

○ 日惹街头艺术表演

前往景点和画廊，与寥寥无几的参观者闲聊几句，手上可能就会得到一张手写的联系方式和地址，这就是你被邀请参加某场甘美兰晚会的凭证了。去位于 Jl.Prawirotaman 街的艺术家共享空间 Viavia，与当地艺术家聊聊他们最近的艺术作品，过几日，就可能收到一条信息，写着某画廊开幕式的资讯。

某一天早上，我收到 Tia 发来的一条信息，邀请我下午去弗登堡博物馆（Fort Vredeburg Museum）参观爪哇岛蜡染市集。紧接着另一条信息进来，说街头艺术家 Anagard 下午准备画新作品，欢迎加入。然后桌对面的朋友拿起手机看完简讯，说今天晚上在他家有个读诗会。就在我以为今日的艺术信息量已经足够时，Tia 又打电话过来，“要不要去看 Raminten Cabaret Show？”她提议道，“就是易性者的歌舞演出。”

我不禁瞪大眼睛，再次为这座包容的伊斯兰城市征服，不禁想起那日在 Jeblog 艺术村看到一幅在战火中呼吁和平共处的标语。Tia 曾骄傲地说：“日惹是个包容的城市，不论你信仰哪一个宗教，或者认同哪一个族群，都可以在这里安心享受生活。”

○ 绿之丘

上海文艺新地标

每年 11 月，
上海的艺术季、艺术节活动都层出不穷，
包括西岸艺术与设计博览会、
上海廿一当代艺术博览会这样的重头博览会，
还有不断翻新的创意艺术场馆。

文 ○ 清歌、丁晨、王元、周婉芬、邬大卫
图 ○ 邬大卫

慢跑、散步，甚至是坐着发呆……在上海，很容易就能与艺术相遇。

每一次艺术季活动都像是一次未知探险，在 2019 上海城市空间艺术季，我们在灌木丛中意外发现过艺术作品，也曾在在黄浦江边邂逅充满时代特色的工业遗存。在杨浦滨江南段 5.5 公里的滨水公共空间中，隐藏着多处历史建筑和工业遗迹，以及正在陆续建成的 20 件永久公共艺术作品。

为了尽览全线风光，我们一行人从杨树浦电厂遗址公园出发，沿着杨浦滨江一路向西，途经上海电站辅机厂和绿之丘，最后到达主展馆。

杨浦大桥东段

2019 上海城市空间艺术季（SUSAS）

2019 上海城市空间艺术季于 2019 年 9 月 29 日至 2019 年 11 月 30 日举行，主展范围包括主展馆以及杨浦滨江南段 5.5 公里滨水公共空间（从秦皇岛路至定海路）。杨浦大桥以东的 2.7 公里江段与艺术季同步开放。

杨树浦电厂遗址公园

我们的第一站是杨树浦电厂遗址公园。杨树浦电厂始建于 1911 年，在鳞次栉比的高楼大厦出现之前，电厂 105 米高的大烟囱才是老上海人心中的“第一高度”。如今，码头上的塔吊、输煤栈道等被悉数保存，操作台被改造成滑梯，净水池也变身为露天咖啡厅。

红色的大塔吊醒目地矗立在江边，经艺术家费利斯·瓦里尼装饰后，塔吊上规律排列着白色对角线，极具艺术感。再靠近些往斜上方观赏这个“庞然大物”，更被它的力量感所震慑。灰仓则由这座曾经的远东最大发电厂的干灰储灰罐改建而成。走上全新架设的交通步道，可以登高远望，将工业遗存和壮美江景尽收眼底；进入灰仓，又能欣赏到高桥启祐的《灰仓：一个世界》影像创作等一系列艺术作品。

○ 粉黛子草旁的大塔吊

台风过境后的上海终于放晴，伴着澄净的天空和柔和的阳光，我们从电厂主体建筑往前走，寻找艺术家给艺术季创作的作品。由废弃船只搭建成的《黄浦货舱》就在江边，但想要在树木掩映中找到沈烈毅的《徊》和向阳的《轻舟过隙》，着实需要一点耐心。

上海电站辅机厂东厂—上海电站辅机厂西厂

过了平定路路口，不远处便是上海电站辅机厂东厂。上海电站辅机厂的前身是建造于 1921 年的慎昌洋行，“一战”期间成为美国通用电气的在华代理商，在杨浦滨江沿线分布有东西两个厂区。如今，东厂的一座单层仓库被改造成开放式的共生构架。仓库屋顶被掀开，阳光透过顶上的钢架洒下，内部新增了绿植、石凳和景观造坡，让这里成为开放的休憩空间。

继续往西走，杨浦大桥离我们越来越近。路上遇到不少沿江跑步的人，以及携子出游的家庭。走着走着，眼前突然出现一片粉紫色的花海，花丛旁边的两栋建筑是新一棉，尚未改造过的厂房虽显破败，在鲜花映衬下倒也有另一番美感。

当看到“上海电气”的厂房标识，上海电站辅机厂西厂就到了。橙色的工业桁架被保存在原位，与杨浦大桥的红色主塔柱相映成趣。在辅机厂附近的水泥房里还可找到徐震的公共艺术作品《山》，古哲学家的头部雕塑局部被倒置在空间中，让人不禁猜想，这到底是荷马，还是苏格拉底?

杨浦大桥西段

上海杨浦大桥是此次“长征”的中点。它是一座跨越黄浦江的双塔双索面迭合梁斜拉桥，主塔两侧的 32 对钢索连接主梁，呈扇面展开，宛若放大了数百倍的琴弦。游览至此，感觉有些累了，于是在桥下找了歇脚处。阳光照耀下的江面愈显波光粼粼，连江边的粉黛子草都似乎变得更温柔了。

绿之丘

穿过杨浦大桥，橙色的大塔吊旁有一座长满植物的绿色建筑——绿之丘。原烟草仓库在经过减量化处理后，形成了层叠排列的露台，其间种有多种植物，宛若一座绿色的山丘。

上海市杨树浦路1500号（原烟草仓库）
2019年9月29日至11月30日
（周一闭馆）周二至周五14:00 ~ 20:00
周六、周日及法定节假日10:00 ~ 20:00

众多活动以及展览会在这里举行。其中位于绿之丘201室的展览“杨浦七梦”从河流、工人、纺织、体育、教育、音乐等多角度，讲述曾经生活和工作于此的人们的故事。203室的“字眼”展则以字为眼，邀请设计师、艺术家、高校师生等，交流不同城市中的“字眼”故事，探讨文字与城市的关系。

绿之丘附近也散落着数件艺术作品。可以在这里驻足，看看大岩·奥斯卡尔的《时间之载》和浅井裕介的《城市的野生》。

上海市杨树浦路468号（包括船坞和毛麻仓库）
2019年9月29日至11月30日
（周一闭馆）周二至周五14:00 ~ 20:00
周六、周日及法定节假日10:00 ~ 20:00

主展馆

终于到达了此行的最后一站——主展馆。主展馆主要由毛麻仓库及上海船厂船坞组成。毛麻仓库的历史始于英商东方纱厂时期，见证了上海工业的百年发展历程。经改造后，20世纪七八十年代的粉刷和外墙被剥离，露出了里面的红砖。毛麻仓库的一层到四层，有一系列空间艺术作品和规划建筑板块作品可供观赏。

○ 主展馆片区

上海船厂船坞则是上海最古老的船坞之一，目前留存有大小两个船坞。钢板桩墙面历经多层涂刷，蓝色、红色、灰黄色杂糅在一起，斑驳中可见时间厚度，呈现出独特的工业美感。

到了晚上，船坞焕发出别样风情。每天 19:00 ~ 19:30，高桥启祐创作的影像作品《水之记忆》和上海彩虹室内合唱团的《相遇》主题套曲在船坞播放。艺术家高桥启祐将船坞所在的整个空间当作河流和城市的缩影，试图用灯光再现微型化的世界，套曲则按时序描绘了杨浦滨江的 7 个片段。晚风拂面，灯光变幻，耳边伴着套曲中的水声、船声、人声，最惬意的夜晚，莫过于此。

其他上海文艺新去处

SGA 重启开幕

沪申画廊成立于 2004 年，位于上海地标建筑外滩 3 号的 3 楼。2019 年，画廊告别了传统的私人模式，以 SGA（Shanghai Gallery of Art）为英文代称，正式转型为一个集合了艺术展览、文化合作与策展项目的开放平台，于 2019 年 9 月 20 日重启开幕，新开幕展“Pal（ate）/ ette/”用 69 位艺术家的 100 件作品呈现了一场别开生面的通感之旅。去 SGA 看展，可漫步于外滩 3 号的巴洛克式装饰、爱奥尼克石柱和塔亭之间，在某个转角与展品不期而遇，还能一边在安静的画廊中思考，一边观察游人如织的外滩。

上海市黄浦区中山东一路 3 号 3 楼
周二至周日 10:00 ~ 19:00，周一闭馆
www.shanghaigalleryofart.com

OCAT 上海馆新址首展

OCAT 上海馆于 2019 年 10 月 19 日搬至新址。新馆拥有多个功能不一的空间，新展厅能够容纳形态更为丰富的展览，新增的多功能空间和公教空间也为艺术交流等活动提供了条件。新址首展名为“张鼎：高速形式”，展出了张鼎的集大成之作，回顾了他 15 年创作生涯中的多个重要主题和意象，并戏谑地展现了公路上车辆高速行驶的动态景象，让“乘坐看展”或是“驾驶看展”替代了行走看展。

上海市静安区曲阜路 9 弄下沉庭院（负一层）
周二至周日 10:00 ~ 18:00，周一闭馆
www.ocat.org.cn

UNArt 艺术中心亮相

UNArt 艺术中心的前身，是建于 1954 年的浦东首家专业影院——东昌电影院。它在 2004 年停业后，经过 5 年的装修，摇身一变成为集艺

上海市浦东新区南泉北路 150 号
周一至周日 10:00 ~ 17:00，周二闭馆
www.unart.org.cn

术展示、科技教育、电竞赛场为一体的5G多元文化体验空间。2019年8月23日，UNArt艺术中心举行了开幕首展。你可以在这间承载了一代人时间、记忆与情感的老电影院，感受艺术的思维。

琥珀大楼

上海市黄浦区虎丘路27号

贝浩登画廊 周二至周六 11:00 ~ 19:00

里森画廊 周二至周六 11:00 ~ 18:00

阿尔敏·莱希画廊 周二至周六 11:00 ~ 19:00

琥珀大楼与对面的外滩美术馆相比略显低调。这栋建于1937年的建筑，原本只是中央银行的一个仓库。直至今日，其内部的混凝土梁柱、钢架和细木梁上，还残留着火灾的灼烧痕迹。在经历改造之后，精致明亮的新构件与粗粝的原始结构并置，让闲置多年的大楼焕发出新的生机。2018年9月，贝浩登画廊最先租下了大楼顶层，随后一众媒体、设计艺术机构纷纷入驻。2019年，里森画廊和阿尔敏·莱希画廊也相继落户琥珀大楼。不妨挑个怡人下午，在这栋红房子里随意悠游。

崇明岛前哨湾首个当代艺术-生态群展

上海市崇明区竖新镇前哨村前哨当代艺术中心

在中国第三大岛崇明岛，当代艺术家们正在用艺术创造新的生态——崇明岛前哨湾首个当代艺术－生态群展《降临》于2019年10月20日开幕。在前哨当代艺术中心和前哨湾景观通道这两块区域中，可欣赏到32位国内外当代艺术家和小组创作的绘画、雕塑、大地艺术作品等。展览把村庄作为一个生态剧场，在前哨村的农田中、丛林间，你都可能发现艺术家创作的全新风景。

TeamLab梦境漫游

花瓣飘零，
竹影幽幽，
萤火虫在稻田间飞舞，
座头鲸从脚下游过……
这不是梦境，
又有如梦境。

这是位于东京台场的
世界首座沉浸式数码艺术博物馆
MORI Building DIGITAL ART MUSEUM。
由数码公司 teamLab 打造的永久展览《无界》（*Borderless*）
自开幕以来，
热度一直不减。

文○骆仪
图○骆仪

博物馆面积达 1 万平方米，但这个展览中到底有多少个房间？无从知晓。以“无界限、无顺序、无终点”为特色的博物馆，使用了 500 多台电脑、470 台激光投影仪，绘制出光影幻化的奇妙世界，让观众在不设方向标识和地图的空间内自由探索，在进出房间的过程中迷失。展览作品也并非循环播放事先录好的影像，而是通过电脑程式不断进行实时描绘，让作品受观赏者的行为影响，持续不断地发生变化，这就意味着，眼前这一瞬间的画面，错过就无法再看到第二次。

这是一场没有终点的梦境漫游。

漫步大自然

穿过全黑的幕布，眼前赫然出现漫天飞舞的“蝴蝶”，从天花板到地板，五彩缤纷，令人眼花缭乱——这是《无界》给人的第一印象。没人时，房间一片漆黑；人进来时，幕布上的蝴蝶便破蛹而出，在空间中飞舞盘旋。然而，一旦观众伸手触摸，蝴蝶就会死去。假若蝴蝶死去的速度超过了出生的速度，这个作品也就结束了。

“蝶之屋”只是展览的序曲，若你走到“花舞森林”，便会瞬间置身花海。两面对立的镜子营造出无限反射的空间，让这片数码世界中的花海比自然界中的愈加广阔深远。花瓣一片片飘落，假如黛玉在这里，定会落泪吟诗：“花谢花飞花满天，红消香断有谁怜？”而当我从繁花烂漫的走廊进入大厅时，一片巨大的“瀑布”赫然出现在眼前，这便是镇馆之作《光子大瀑布》了：由光子形成的“水流”沿墙壁飞流而下，春花秋叶随之飘落，真可谓“飞流直下三千尺，疑是银河落九天”。走到瀑布下的石头上，靠近墙壁，方才笔直落下的电子水流竟然在头上溅

○ 花舞森林

起“水花”，脚下踩到的“水”也分开再会合。这是因为展厅内遍布传感器，电子水流的方向会随时因观众的移动而变化。“人不能两次踏入同一条河流”，在这里，你也不可能第二次看见同一条光子瀑布。

离开瀑布，闯入“光影田园”。走在如荷叶般轻轻摇曳的圆盘之间，时而有“鱼群”在身边游弋，时而有“青蛙”跃水而出，等到光线暗下去，“萤火虫”便开始星星点点地浮现。花、鸟、流水、森林、海洋等自然景物，就是《无界》的核心意象。人们甚至可以抓起画笔，按自己的喜好给“海洋生物”上色，放到特制的机器下扫描，笔下的生物马上就在墙上活了起来，欢快游走。

在线条中迷失

与色彩烂漫、充满活力的“自然空间”截然不同，另一些房间元素简单，却同样震撼。走进“水晶宇宙”，只见点状 LED 光源连成一线，如珠帘般由天顶垂坠而下，直达地面，而四面墙和天花板、地面都由镜面构成，无论望向哪个方向，我都只能看见无尽的线条。LED 闪烁，迅速变换着七彩光芒，如同璀璨夜空。如果事先下载了 teamLab 的 App，连上场馆的蓝牙，还可以通过手势控制星星的排列和光线变化，仿佛宇宙尽在掌握之中。

观展指南

MORI Building DIGITAL ART MUSEUM: teamLab Borderless

地址：日本东京都江东区 1-3-8 Aomi，Odaiba Palette Town

开放时间：周一至周四、周日、节假日 10:00 ~ 19:00；周五、周六、节假日前一天 10:00 ~ 21:00（最终入馆时间为闭馆前 1 小时）；每月第二、四周的周二休馆

门票：成人 3200 日元（约 200 元），儿童（4 ~ 14 岁）1000 日元（约 60 元），建议至少提前 5 天在官网购票

展览官网：borderless.teamlab.art

TeamLab 更多踪影

日本

The TOKYO SKYTREE mural，永久展出，东京，晴空塔 1 楼

Universe of Water Particles on the Living Wall，永久展出，东京，银座 GINZA SIX

Spatial Calligraphy and Crane - White Silver，永久展出，北海道

中国

teamLab Future Park and Crystal Universe，永久展出，厦门，厦门骏豪会

Connecting! Block Town，永久展出，香港，香港杜莎夫人蜡像馆

新加坡

Story of the Forest，永久展出，新加坡国家博物馆

Future World: Where Art Meets Science，永久展出，艺术科学博物馆

○ Teamlab

当我闯入另一个房间时，里面空无一人，有点闷热。手一伸，空中瞬间出现交织的蓝色光柱，烟雾迷蒙，我却被红光笼罩着。“蓝色空间，红色的人”是整个展览中唯一让我感到压抑和恐惧的房间，不禁让人想起那部讲述主人公被困在立方体里逃不出去的科幻片《心慌方》（*Cube*）。

会开花的茶

从蓝色空间“出逃”，来到馆内二层。这一层中最大的区域叫“运动森林”，人们在凹凸起伏的地面上跳跃、玩滑梯，在彩色大气球之间捉迷藏。在一组迷宫般连接着的秋千装置区域，观众可以站在秋千上移动，有无数种路径可以通向出口，其他人的移动也会引起秋千的动荡。一时间，鸟在飞，光在摇，秋千离地越高，晃得越厉害，我感觉自己像个笨拙的杂技演员，只能紧握秋千的绳索，努力不让自己掉到地上。当我满身大汗、胳膊酸软地到达出口，从秋千回到平地时，才发现原来秋千没怎么晃，只是光线造成了错觉！

酣畅运动后，可寻至茶室“幻花亭”喝茶放松。《无界》的所有房间都是运用光线创造的虚拟世界，但这茶室中的茶水却是真真切切的，茶水有冷萃茶、柚子绿茶、绿茶、洋甘菊焙茶拿铁 4 种口味可选择。茶室处在一片黑暗中，点茶之后，茶水中会浮现“花朵”，不断绽放，若用双手捧起茶碗，花朵就会散落，花瓣则会飞出茶碗。此时，空中出现一个轻烟缭绕的白色光圈——禅宗书画里的“圆相”（一笔画圆）。这场景让我联想起电影《降临》里的外星文字。这是 teamLab 成立以来一直致力研发的独特书法——在空中书写，因此叫作“空书”。

茶，在中国和日本文化中都有极为丰富的意味，在日本则与禅宗关系尤为密切。teamLab 用高科技打造的这个沉浸空间不仅让观众感到酷炫，也试图对传统文化进行新的诠释。凝视着虚拟的花和圆相，品着真实的茶，思绪被牵引着：究竟什么是幻，什么是真，什么瞬间消逝，什么谓之永恒？

《神奈川冲浪里》动了起来

在大小房间之中迷失了几个小时，被各种意想不到的体验刺激着身心。等到进入“黑浪”空间，房间中央的懒人沙发出现得正当时宜。躺倒在沙发上，望向四面墙壁，墙上是以葛饰北斋名作《神奈川冲浪里》为创作蓝本的“海浪”。在黑色墙面上，用白光勾勒线条，呈现出三维立体的海浪效果，波涛翻滚连绵不绝，音乐平和舒缓。有人说这是全馆最平淡的房间，我却觉得很适合放松冥想。跟热闹的瀑布、花朵、蝴蝶房间相比，我眼中的“黑浪”简单又辽阔，至繁至简，蕴含着无限生命力。

在传统的日本画乃至中国陶器中，河川、大海等水文常常会以线条来表现。teamLab 此次则以模拟波型建构水在三次元空间下的形态，还通过不断计算分子之间的相互作用，利用水分子的动作，在波浪表层上描绘线条。这出“黑浪”，正可谓现代科技赋予传统艺术的新生命。

○ 神奈川冲浪里

洛杉矶：艺游与乐活

文○杨霁、山夫、喻添旧
图○喻添旧、视觉中国

洛杉矶，
太平洋东岸的“天使之城”，
阳光在这里跳跃，
暖意在这里蒸腾。
从收藏浩瀚的博物馆
到先锋前卫的艺术街区，
从潮人聚集的街头
到阖家适宜的海滩，
这座大都会总有一种
让你放慢脚步去静心感受的魔力，
又随时会在下一个转角
让你心头一痒，
以它的活力感染你。

○ 从好莱坞山眺望洛杉矶天际线

艺术新势力

穿过开放式天花板下的中庭，沿着以科林斯式柱子支撑的走廊，我们步入了盖蒂别墅（Getty Villa）宁静而芬芳的列柱外院：数尊铜质仿古塑像依照其真迹在古庄园中的位置静静伫立，绿地环绕的中央水池泛着天蓝色水纹。

盖蒂别墅的两层展厅收藏着以雕塑为主的古希腊、罗马及伊特鲁利亚的艺术品。工作人员朱丽叶（Julie）女士向我们透露，保罗·盖蒂先生自己更偏爱的是一楼“希腊化时代”展厅中的那尊“获胜的运动员”

盖蒂中心

周二至周日开放，若要抵达这里，需在山脚的电车站乘免费列车缓缓上山，车程约 5 分钟，可借此机会欣赏整个洛杉矶城（1200N Sepulveda Blvd Los Angeles，CA90049；310-440-7300；www.getty.edu/visit/center）。

洛杉矶郡立艺术博物馆（LACMA）

LACMA（www.lacma.org）是美国西海岸最大的公立艺术博物馆，囊括了 135,000 余件贯穿 6000 年历史的全球艺术品，包括印度、拉美、东南亚等地的藏品。LACMA 还和拥有大量中国当代艺术藏品的余德耀美术馆合作，成立基金，推出全新视频栏目“艺术在场”。

○ 盖蒂中心建筑一隅

青铜塑像。这尊古希腊杰作浑身上下散发着流畅优美的律动感，运动员抬起右臂，指向头顶的胜利桂冠。

“人们把它从亚得里亚海打捞起来时，它已经在那儿沉睡了2000年，”她告诉我，“当年罗马军团曾将它作为战利品从希腊掠走，但途中遭遇了海难。过去，盖蒂先生每次回到这里，都要过来看看它。”

相较颇具私密感的盖蒂别墅，盖蒂艺术中心更像一座规模庞大的公共乐园。石油怪杰保罗·盖蒂花费13亿美元将其建成，5栋展馆中陈列着约50,000件藏品，从伦勃朗的自画像《大笑的伦勃朗》、凡·高的《鸢尾花》，到拜占庭时期的手抄本、17世纪中叶到18世纪末期的欧洲皇室装饰艺术，这里的珍品林林总总，不一而足。

5栋展馆中有4栋游人如织，剩下的1栋是盖蒂研究所，它隐藏在艺术中心西北角，一处钙化大门背后的一栋半环形建筑就是了。这个研究所专注于探索视觉艺术及其历史，拥有一所藏有珍稀材料和数据资源

○ 布罗德博物馆外墙

的学术图书馆，还时常举办流动展览。

展厅外是艺术家 Robert Irwin 设计的中央花园：一道瀑布沿着阶梯石墙潺潺流入底部的水池，水面之上，是一座 400 株杜鹃连接而成的“花卉迷宫”，环绕着曼陀罗、烟火树等各色珍奇花草，耳畔的溪水声不断变化着——据说是设计师通过在河床内精心摆放巨石创作出的“声音雕塑”。

宏伟的浅褐色建筑群延续了盖蒂先生对古典文明和典雅气质的青睐，同时彰显着纽约“白派”建筑师理查德·迈耶柯布西耶式纯粹、理性的现代主义作风。

自 1997 年开放以来，这处占地约 14 亩的艺术空间便成了圣莫妮卡山脉的一道风景。

西海岸新浪潮

盖蒂艺术中心和 LACMA 这样经典的博物馆无疑是洛杉矶艺术界的明珠，而收藏和展览先锋艺术品的哈默博物馆（Hammer Museum；由石油大亨阿曼德·哈默投资设立）近年来风头正劲。除了保有引人瞩目的 2000 余件现当代收藏，这里尤其推崇新兴的本土艺术家。哈默双年展“洛杉矶制造”（Madein L.A.）一向被视为洛杉矶艺术新浪潮的及时呈现。

在“物的意义”的群展现场，我们从墙角码得整整齐齐的胶布、丢掷在地的鞋袜、不断自动合盖发出巨响的三角钢琴、粗木头电线杆等展品间走过，最后面红耳赤地和一位宽衣解带、即兴舞蹈的女行为艺术家拉开心理战时，不禁让人想起展厅门口那块写着“注意：此展可能并不适合所有观众”的告示。

在哈默，艺术被视作启迪生命、构建正义的武器。一个名为“不可言说”（Unspeakable）的展厅内，我在 3 位美国艺术家——查尔斯·阿特拉斯、巴巴拉·克鲁格和卡拉·沃克——风格迥异的影像装置作品前徘徊，他们的新作是对暴行、种族、全球经济收缩等社会议题的隐喻。变装皇后 Lady Bunny 的表演视频在一面大银幕上持续放映，Lady Bunny 朝我们眨眼，Disco 的旋律在空旷的展厅内回荡，让人也想跟着她妖娆的动作舞上一曲——下一秒，我们也的确小小地扭动了起来。

接受了先锋艺术的冲击之后，再去 Bunker Hill 文化艺术街区的布罗德博物馆（The Broad）会一会庞杂的当代艺术。这座私人博物馆由布罗德夫妇（Eli & Edy the Broad）投资创建，是洛杉矶最重要的当代艺

当代艺术博物馆（MOCA）

在 Grand 大街上的分馆就位于布罗德博物馆斜对面，另两家分馆是位于小东京（Little Tokyo）的格芬当代馆和位于西好莱坞的太平洋设计中心，主要收藏 20 世纪 40 年代至今的艺术品（www.moca.org）。

马西亚诺艺术基金会（MAF）

位于一栋古典高大的苏格兰仪式共济会圣殿，主要展出 1990 年至今的新兴艺术家的作品（marcianoartfoundation.org）。

术中心之一，与斜对面的当代艺术博物馆（MOCA）强强对视。

在三层的永久馆藏厅，美国波普艺术家杰夫·昆斯《庆典》系列的一尊雕塑跃然眼前，其背后的墙上则挂着村上隆带有浮世绘风格的经典平面作品。敞亮的白色隔间内，罗伯特·劳申伯格、赛·托姆布雷、约瑟夫·博伊斯、让·米歇尔·巴斯奎特等200余位艺术家的作品让人目不暇接。此外，这一层的草间弥生的“镜屋”更是大受欢迎，在一楼也有一间。

布罗德博物馆门外排着的长队，这个地方受欢迎的程度可见一斑。这栋由纽约 Diller Scofidio+Renfro 事务所设计的白色建筑，本身也是一件巨型当代艺术品，建筑以“面罩与穹窿”为概念，线条流畅的立面上嵌有 2500 个斜菱形玻璃窗口，将自然光充分引入展厅空间。步入馆内，空间以厚重的混凝土支撑、分隔，透着一股神秘的未来主义气息。

工业街区焕发艺术新生

洛杉矶的艺术气质不仅体现在各大艺术中心和博物馆中，还在大大小小的生活街区里散发魅力，艺术街区（Arts District）便是其中一处典型代表。街区的北区是运作最成熟的区域，而这一带的心脏，无疑是豪瑟沃斯画廊（Hauser & Wirth）。画廊改建自一片有百余年历史的面粉磨坊建筑群，房屋原有的钢筋和木质框架、透明棚顶和斑驳老墙得以保留。展馆入口处是洛杉矶第一家艺术书籍商店，展馆内还有豪瑟沃斯自家出版的各种精美画册和纪念册，我们在这里了解到这家知名画廊在艺术档案整理方面有多么励志竭精。庭院南侧，人们聚在高大敞亮的餐吧内谈天；后院颇有些年头的涂鸦墙底下，种植着南加州橡树、花卉和供应餐厅的蔬菜，甚至还养着一群羽色各异的母鸡——告示牌上赫然写着每一只鸡的大名，并宣告“它们是这个大家庭中的重要成员”。这里自在、惬意、五脏俱全，已然从一个基于画廊的艺术空间变为了一种理想的生活方式体验空间。

我们来参观时，3 个主要展馆内正分别推出美国炙手可热的当代艺术家马克·布拉德福德（Mark Bradford）在故乡洛杉矶的首次个展、美籍法裔超现实主义艺术大家路易丝·布尔乔亚的遗作展，以及罗马尼亚概念主义先驱格塔·布拉蒂斯丘的先锋作品。

“洛杉矶是座去中心化、开放不拘的城市，”此次带领我们探索艺术街区的向导辛迪·施瓦茨斯坦（Cindy Schwarzstein）说，“而洛杉

唐人街艺术区

位于市中心北部的唐人街正成为艺术家和画廊的新宠。2018 年 1 月入驻此地的 Make Room LA 是北京现在画廊的姐妹画廊，从跨文化语境出发，与新生代本土及国际艺术家推出一系列实验性展览项目。（makeroom.la；1035N Broadway）

圣莫妮卡和威尼斯

洛杉矶的优美海滩旁分布着不少前卫画廊。位于威尼斯海滨的老牌画廊 L.A.Louver 自 1976 年落成以来，一直是洛杉矶艺术群体活跃的场所，并致力于推广全球杰出的当代艺术作品。（www.lalouver.com; 45 N.Venice Blvd，Venice）

○ 豪瑟沃斯画廊的庭院

矶的艺术街区就和这座城市一样分散。”辛迪是位活力十足的女士，是Cartwheel Art 电子杂志及城市艺术游的创办人，就住在艺术街区南部，对这片区域的画廊、博物馆和知名艺术家都了如指掌。

近十年间，大大小小的文艺街巷在洛杉矶迅猛生长。位于市中心东缘、洛杉矶河西岸的 Arts District 便是其中之一。这里曾是粗犷冷峻的工业街区，如今被废弃的工厂和旧仓库因艺术空间、创意商店和咖啡馆的到来而重焕生机。

辛迪还带我们探访了豪瑟沃斯的新邻居——香港画廊 Over The Influence 在洛杉矶新开的分支。我们走进它那由旧仓库改建而来的展厅时，画廊主管盖伊·鲁沙（Guy Rusha）正在布置葡萄牙街头艺术家亚历山大·法图（Alexandre Farto）的新展。他说：“比起纽约或旧金山，这里的租金更实惠，更重要的是氛围简单轻松。就像在这个街区，画廊和艺术家都能享受到自由的空气。”

我们继续向南边走，沿路的街巷被各种风格的涂鸦覆盖，甚至有些涂鸦被涂画在人行道上。在街边一家甜品店休息时，我们偶遇了活跃在艺术街区的艺术家努克（Nuke），我们也有幸成为他前一晚创作的几幅漫画的第一批观众。

与努克道别后，我们来到第四街道上为尚不知名的艺术工作者提供创作空间的 Art Share LA 艺术基金。最后，我们来到位于新兴艺术区——南区的 ICALA（Institute of Contemporary Art Los Angeles）。ICALA 由仓库改建而来，其功能集艺术书吧、小型沙龙、展览场地、手工纪念品店于一身。

潮人出没请注意！

人潮涌动的 N.Fairfax 大街，是感受洛杉矶街头潮流的最佳场所之一：梳着脏辫、穿着大码球衣的男孩踩着滑板，风风火火地在街头炫技；停车场墙上的纪实涂鸦讲述着这里曾是犹太社区的往事；众多潮牌店和球鞋店在棕榈树下高低错落，门面装潢极尽想象——夸张的涂鸦墙，几何变形的橱窗，鞋店 Golf 甚至在屋顶装了一个硕大无比、穿粉色帆布鞋的“倒立之脚”雕塑。

黄昏的街头热火朝天。Supreme、Flight Club LA 等几家人气潮店门口正甩开不可思议的长队，年轻人们三五成群，表情轻松，似乎对他

○ 街头涂鸦艺术家

们来说这是再日常不过的一个时刻。我们怀着外行人的好奇朝某家店内一窥：工业金属风的室内设计独具一格，店内人头攒动，但气氛悠闲，店员小哥在招呼顾客之余，还轻轻抛起篮球，在指尖转出优美弧线。

从市中心到海滨，从高墙、人行道到电线杆、垃圾箱，街头涂鸦就是这座城市的文身。在艺术街区闲逛时，我们走进了一个由大仓库建筑群改建的涂鸦艺术空间——The Container Yard。当天里面正巧空无一人，空旷的仓库内堆着凌乱的画桌和画具，滑板、机车头盔等街头味儿十足的物件散落在地。视线可及的各种平面上，布满了不同风格和主题的涂鸦，有的尚未完成。

出门时，我们碰到了一对来自德国的兄弟，他们正搭起脚手架给外墙涂鸦。哥哥告诉我，他们以前"穴居"在柏林的工作室作画，现在则和全世界的墙壁打交道。

阳光退去，夜幕低垂，街旁的棕榈树变成了一道道漆黑的剪影。街角泊着一辆卖墨西哥小吃的鲜红色餐车，外壁贴有"20 选 4"的菜单，壁挂式电视上闪动着《速度与激情》的画面，片中年轻的保罗·沃克和范·迪塞尔驾车疾驰而过的城市，正是洛杉矶。

偶有几辆车呼啸而来，又很快消失在夜色中，让人不禁想起半个多世纪前凯鲁亚克《在路上》中的描述："好莱坞大道上的汽车风驰电掣，疯狂地尖叫……大家都朝最远的一株棕榈树奔去——那前面却什么也没有，只有沙漠。"

和孩子一起野

洛杉矶不仅属于滑板和山地车上的潮人，也属于童心烂漫的孩子。带孩子行走在洛杉矶，当然可以在主题公园里略带焦灼地排长龙，但是

○ 孩子们站在海边涂鸦墙上

这里也适宜你们一起放慢脚步，走近自然。

威尼斯海滩

让风把圣莫妮卡码头的喧哗吹至身后，扑向威尼斯海滩的自由气息。在这里，一定要拿出 1 个小时和孩子一起骑一次自行车。两岁以下的宝宝可以坐在前把上的婴儿座椅里，大孩子有儿童拖车，不会骑车的宝贝也可以和父母一起骑双人自行车，而你只需要尽情感受亲子骑行。别忘了在滑板公园驻足片刻，碗池里年仅五六岁的小朋友与大人一决高下的气势，完美诠释了南加州的阳光和活力。

威尼斯海滩以南 3 公里左右、位于华盛顿大道尽头的威尼斯栈道则更为静谧。清晨 6 点，比海鸟还要早到达海滩的，是第一批冲浪爱好者。不妨就在临街商铺上花 10 美元买一块儿童冲浪板。不要担心孩子没有天分，他们在玩耍方面的创造力永远超乎你的想象。栈道桥下的一排沙丘是看日落的最佳位置，如果是寒假前来，记得给孩子购置一块雪橇板让他们在沙丘上滑沙，感受冬季的大海给洛杉矶孩子们偏心的馈赠。

在海边，儿童的防晒工作不分四季。孩子通常不介意一身沙子，但爱干净的妈妈则会心烦。妈妈们注意了，擦掉沙子最好的办法既不是湿巾，也不是水洗，而是等太阳晒干它们后轻拍哦。

橙县大公园

用“上天入海”来形容洛杉矶的儿童户外游玩项目毫不过分。从洛杉矶向东驱车 1 小时就能来到橙县的大公园，在这里可以乘坐美国最大的载人氦气球。此外，直升机之旅也是令人终生难忘的体验——不只是孩子，全家人都会心潮澎湃起来。洛杉矶有许多乘观光直升机游玩的项目，最经济划算的玩法就是从长滩市中心出发，乘直升机前往卡塔林那小岛，然后当日乘船返回。

除了威尼斯海滩这一冲浪圣地之外，海港小城玛丽安德尔湾（Marina Del Rey）有出海钓鱼、海上滑翔伞等多个项目，都非常值得和孩子一起疯狂一把。如果时间宽裕，不妨在以没有风浪著称的海滩——“妈妈海滩”——的皮划艇、帆板或平衡板租借处，给孩子报个一对一课程，绝对让洛杉矶精彩的自然探索之旅更加超值。

受能见度制约，氦气球升空时间不固定，公园不设餐饮，最好带上午餐在公园等候。在洛杉矶，跟船出海钓鱼不需要单独购买钓鱼执照，但要遵守规定，不可保留过小的鱼。直升机观光虽然通常只有短短十几分钟，但噪声巨大，需要在搭乘之前让孩子做好心理准备，告知他们全程不可摘下防护耳机。2 岁以下儿童免票，但须出示身份证件。

太平洋水族馆

哺乳动物所能完成的最远迁徙——太平洋灰鲸迁徙的最佳观测点就在洛杉矶。春天可以观测到它们带着刚出生不久的幼崽向北极迁徙，冬季则能观测到它们从北极南下前往墨西哥 Baja 半岛。可先驱车从洛杉矶向南出发，45 分钟后抵达长滩市太平洋水族馆。上午逛逛水族馆，下午就在水族馆隔壁搭船出海。当船只驶入公海，一堂生动的儿童科学课也悄悄展开。孩子们听讲解员介绍海洋断层、海藻森林、磷虾和食物链的知识，不用望远镜就能看到灰鲸身上灰色岩化的藤壶、令科学家难以解

释的背跃式跳动，以及太平洋灰鲸独有的 Y 字形喷水。别忘指给孩子看鲸鱼留在海面上的像轮船一样大的椭圆形“足迹”，尤其是对于年龄小的孩子，他们需要这种感官认识才能了解鲸鱼的巨大。尽管联邦法律严格规定了船只靠近鲸鱼的最小距离，但船长会想办法靠近海豚，让孩子们看到成群的海豚从脚下欢腾而起的景象。

观鲸船的航程一般在 3 小时左右，有阶梯式座位，视野开阔，船头是最佳拍照位置，不过风浪也最大。记得给孩子多准备一件外套，帽子和防晒霜可是必备品。

加州科学中心

在位于洛杉矶市中心的加州科学中心（California Science Center），不论哪个年龄段的孩子都能找到兴趣所在。和孩子们玩一玩互动的科学游戏，参观一下 NASA 的第五架航天飞机“奋进号”。古埃及法老图坦卡蒙古墓宝藏的世界首展也是在这里，此外各类展览异彩纷呈。

○ 加州科学中心的体验装置

拉布雷亚焦油坑和博物馆

在洛杉矶谈论“冰河时代”，有可能不一定指的是那部电影，而是一个活生生的冰河时代——全球唯一现存的冰河世纪挖掘点就在洛杉矶。

拉布雷亚焦油坑和博物馆（La Brea Tar Pits and Museum）让孩子们看到科学家们是如何从焦油坑中挖掘和整理曾在这里陷入泥淖的史前巨兽化石，还原 1 万年前洛杉矶的原貌。

从纽约到异域

文○赋格
图○杨光、赋格、视觉中国

纽约不只有大都会、MoMA 和古根海姆这些热门博物馆，
一些小而美的博物馆同样值得花时间探索，
最大的好处莫过于不用排长队。
以下 3 家博物馆，
让你不出纽约就能神游欧陆和东方，
同时在时间河流里逆流而上，
直抵亚述、古埃及。

○ 新艺廊美术馆

新艺廊——德奥艺术

十有八九，纽约博物馆之旅的始发站会落在雍容华贵的上东区，这里有所谓的“博物馆 1 英里”——The Museum Mile，从第五大道与 83 街交叉口到 105 街那区区 1 英里，集中了大都会博物馆、古根海姆美术馆、纽约城市博物馆、国家设计学院、弗里克美术馆、亚洲协会和犹太博物馆等大大小小的博物馆。其中有一家鲜少引人注目的美术馆叫“新

艺廊”（Neue Galerie），名字是德文而不是英文，表明它跟德语国家有关。

知道这家博物馆，是因为影片《金衣女子》（*Woman in Gold*）。拍的是真人真事，围绕维也纳“分离派”大画家古斯塔夫·克里姆特作于1907年的《阿黛尔·布洛赫–鲍尔画像》，讲述了一幅画在一个世纪里辗转流徙的历程。1938年奥地利被第三帝国吞并后，《阿黛尔画像》落入纳粹手中，“战后”收归国有，在维也纳美景宫（Schloss Belvedere）展出。

半个世纪后的1998年，移居美国的布洛赫–鲍尔家族后人决定起诉奥地利共和国，要求归还这幅原属私有的画作，官司从加利福尼亚地方法庭一直打到美国联邦最高法院，最终，阿黛尔的侄女玛丽亚·阿尔特曼（电影中由海伦·米伦饰演）赢了这场世纪艺术诉讼，《阿黛尔画像》离开美景宫被运往美国。

随后，玛丽亚·阿尔特曼转手将此画以天价卖给美国商人及艺术藏家罗纳德·劳德（“雅诗兰黛”品牌的主人），具体售价保密，劳德只承认价格高于当时艺术品市场最高价1亿零420万美元（毕加索的《吹笛子的男孩》），而媒体猜测售价在1亿3500万美元左右。

2006年，《阿黛尔画像》入驻纽约新艺廊。在这家重点展示20世纪初德国、奥地利艺术品的博物馆，它成为镇馆之宝。其实，劳德一旦购得此画，它的新家就已明确，因为新艺廊就是劳德在2001年创立的美术馆，它的前身是劳德的知己好友、纽约画商塞尔日·萨巴尔斯基设在麦迪逊大道987号的萨巴尔斯基画廊，主打德奥表现主义画派作品。

劳德在萨巴尔斯基离世后接手画廊，按好友意愿将其改造成一座专业的美术馆，开在中央公园旁的86街。这是一幢3层高的法国新古典主义风格豪宅，门面不如大都会艺术博物馆和古根海姆博物馆那样气派，但藏品规格很高，展览方式也高度专业化。有“奥地利的蒙娜丽莎”之称的《阿黛尔画像》不只是馆藏的唯一一幅克里姆特作品，在二楼正厅可以看到好几幅真人尺寸的女性全身画像，都是克里姆特在维也纳创作的，包括曾经被纳粹掠走的另一幅阿黛尔肖像，女主人头戴黑色阔檐帽，身披素衣，画面上点缀着淡雅的花朵和亚洲风格的骑马人物图。这幅素色调的画像与金光闪闪的“奥地利的蒙娜丽莎”形成了鲜明对比。另一幅以蓝色为主的《伊丽莎白·莱德勒肖像》也引人注目，女主人身裹蚕茧似的半透明衣袍，周边画了些装饰性图案，很像中国年画或宫灯上的

○ 阿黛尔画像

·······

看完展品，不妨下楼喝杯咖啡——新艺廊的德奥属性不仅限于视觉，还包括味觉。美术馆虽不大，却拥有两个维也纳式咖啡馆，一个叫萨巴尔斯基（Café Sabarsky），与美术馆的前身萨巴尔斯基画廊同名；另一个叫蝙蝠（Café Fledermaus），熟悉维也纳文化的人不会不知道，《蝙蝠》是"圆舞曲之王"小约翰·施特劳斯的一部轻歌剧。

人像。同一楼层还可看到维也纳表现主义的两位重要画家奥斯卡·科柯施卡和埃贡·席勒的作品，以及同时期的维也纳工艺美术设计作品，有家具、灯具和饰品，有的首饰酷似克里姆特画中那些贵妇身上披挂的物件，大概是当时的流行款式。

二楼很维也纳，三楼很德国。如果熟悉"二战"前德国艺术的主要流派，如"蓝色骑士""桥社"和"包豪斯"，不难辨认出瓦西里·康定斯基、保罗·克利、恩斯特·克尔希纳这些人的作品。

修道院博物馆——中世纪宗教艺术

大都会艺术博物馆无人不知，但不大有人知道，大都会在曼哈顿北边有一座分馆，叫“大都会修道院”（The Met Cloisters）——复数形式的“修道院”。

乍一看，耸立在哈德逊河左岸崔恩堡公园（Fort Tryon）内的这组石砌建筑，包括围墙和方塔，令人恍惚以为来到古老的欧洲乡间，面前是一座中世纪罗马风格（Romanesque）的天主教修道院。然而这里听不见教堂钟声也看不到身披长袍的僧侣，纽约的“修道院”是一家纯艺术博物馆，归属大都会博物馆名下。在围墙外见到的建筑大都是 1935 年以后修建的，尽管使用了欧洲石材，也只能算仿古建筑。不过，只要走进墙内就会发现别有洞天。

“修道院”内部结构是奇特的上下两层，嵌进 4 个回廊式的修道院庭院——果真是复数。这 4 座修道院都是真古董，从法国的废墟中一砖一瓦地拆下来运到纽约，再用 5 年时间（1934 ~ 1939 年）一砖一瓦地重建，与一系列的礼拜堂、花园，连同其中的展品一起，组成了北美首屈一指的欧洲中世纪艺术博物馆。

上层核心部分是库萨修道院（Cuxa Cloister）回廊，它原是法国南部佩皮尼昂附近比利牛斯山脚下的一座本笃会修道院，建于 1130 ~ 1146 年，16 世纪后逐渐荒废。1906 年，美国雕塑家、收藏家乔治·巴纳德买下这座已经半坍的废墟，拆下其中一半运到纽约重建，这就是修道院博物馆的雏形。

巴纳德是个冲动型的冒险家，屡次因疯狂购买艺术品而陷入财政危机。1925 年，他终于“触底”，把自己的中世纪艺术藏品全部卖给纽约大亨小约翰·洛克菲勒。在库萨修道院的基础上，洛克菲勒添置了其他 3 座修道院，形成了一个完整的中世纪艺术博物馆，最后把它捐给了纽约市。

库萨修道院回廊的墙体是新建的，但全部大理石柱、拱构造都是原件，可以清晰地看到 12 世纪比利牛斯地区宗教建筑的罗马风格。重建后的回廊只有原址的四分之一大，但比例保持不变，是个忠实于原著的微缩版。庭院中央那座八角形喷泉是从修道院原址附近另一座建于 13 世纪的修道院搬迁过来的。

另外三座回廊有一座（圣吉扬回廊）位于上层室内，两座（博内丰回廊和特里尔回廊）在下层，和库萨修道院一样是露天的形式。

○ 修道院博物馆收藏的独角兽巨型挂毯

围绕库萨修道院的是一系列礼拜堂和展厅，包括罗马式大厅、早期哥特式大厅、晚期哥特式大厅各一，在紧凑的空间里呈现出 11 ~ 16 世纪西欧宗教艺术风格的嬗变。整体搬迁自西班牙中部的丰蒂杜埃尼亚半圆形后殿（Fuentidueña Apse）的是一座 12 世纪罗马式教堂建筑，3300 块条石拼接成了浑然一体的半圆形祭坛空间。另一座晚期罗马风格的蓬塔特教士会礼堂（Pontault Chapter House）则体现了建筑史上的过渡阶段，抬头看它的肋券拱顶构造，能看出已经出现哥特式风格的先声。

中世纪艺术并不是只有建筑，博物馆上层的精华部分属于两间挂毯艺术展厅——九英雄挂毯室和独角兽挂毯室。14 世纪晚期的"九英雄挂毯"非常珍贵，原属于法国贝里公爵，类似的挂毯目前仅有两套流传于世，另一套原属法国安茹公爵，两位公爵和法国国王是兄弟关系。挂毯上的 9 位英雄分别是 3 位基督徒、3 位异教徒、3 位犹太人，他们置身于一个哥特式的中世纪宫廷，可以辨认出几种不同身份的人物，有神父、骑士、乐师等。

隔壁展室的 7 幅连环画挂毯"猎捕独角兽"出自 1500 年前后的挂毯重镇布鲁塞尔。独角兽是现实中不存在的动物，常见于中世纪民间传说。挂毯上的独角兽最终是被一位妙龄女子俘获的，整个事件可以解读成一个爱情故事，也可看作《新约圣经》里基督受难的一种寓言。即使不看故事，独角兽挂毯作为视觉艺术品也很有可看性，画面充满生动的细节，包括数百种动植物。

大都会修道院

99 Margaret Corbin Drive,Fort Tryon Park, Manhattan

metmuseum.org/visit/met-cloisters

·······

看够了博物馆内各种有着浓厚宗教意味的艺术品——建筑、壁画、油画、雕像、微雕、挂毯、雕花玻璃、墓葬、金银器、经文手稿之后，你会想要去花园里透透气，眺望一下哈德孙河对岸的新泽西州。3 个露天修道院都拥有花园，其中博内丰回廊的花园里种的是 400 多种中世纪医用、食用和文学作品、巫术活动中出现的植物，非常有趣。

○ 修道院博物馆内的拱门

布鲁克林博物馆——埃及、亚述文物

别以为出了曼哈顿就是文化沙漠。跨过东河，在布鲁克林高地的住宅区、绿地和植物园之间，你会发现一座殿堂般的宏伟建筑，远观若希腊神庙，新古典主义风格的石砌立面掩藏着钢筋水泥构造。

布鲁克林博物馆是纽约市两大百科全书式艺术博物馆之一（另一座是大都会艺术博物馆），永久藏品分为多个展区：非洲、大洋洲和美洲原始艺术，亚洲艺术，木刻、素描与摄影，古希腊罗马、埃及与近东艺术，工艺美术和装饰艺术，伊斯兰艺术，欧洲艺术及美国艺术等。如此详细全面的分类，直追大都会。论藏品数量，这里有 150 万件之多；论展览空间大小，在纽约众多博物馆中排第三位，然而它也是纽约最被低估的博物馆，门前不会排起等待进场的长队，所以它又像一座小型博物馆，体验起来毫不费事。布鲁克林博物馆于 1897 年开馆，最初属性并不是博物馆，而是由图书馆和艺术研究机构演变而来。在初始规划图上，它的体量比现在还要大 4 倍，原计划建成世界最大的文化中心，最终只建成了 20%。

逛一座百科全书式的博物馆，诀窍是不可面面俱到，要挑重点看。布鲁克林博物馆的一大强项是古埃及艺术，在整个美国都数一数二。即使看过大都会博物馆的埃及藏品，也不应该忽略这里收藏的木乃伊墓葬、纸莎草和众多雕刻，比如一件被称为“女像鸟”（Bird Lady）的史前陶土雕像和底比斯出土的一对公元前 14 ~ 15 世纪新王朝时期夫妇双人石

布鲁克林博物馆

200 Eastern Parkway，Brooklyn

www.brooklynmuseum.org

一座百科全书式的博物馆足够你消磨半天时间了，不过既然来到布鲁克林，还是腾出一点时间顺道逛逛隔壁的布鲁克林植物园吧，四五月间的樱花特别美。园子里有条名人小路，刻着伍迪・艾伦、格什温、科普兰、丽塔・海华丝、保罗・奥斯特、阿瑟・米勒、芭芭拉・史翠珊等人的名字——原来这么多美国文化名人都出自布鲁克林！

布鲁克林博物馆内的阿兹特克雕塑艺术品

○ 布鲁克林博物馆外观

像，都是难得一见的精品。还有一座半个巴掌大的雪花大理石亚历山大胸像，严格说不算古埃及艺术品，是亚历山大大帝征服埃及之后希腊化时期的产物，这件胸像最早是美国古埃及专家查尔斯·威尔柏的私人收藏，布鲁克林博物馆从 20 世纪初开始收购埃及文物，威尔柏的私人藏品是早期馆藏的重要组成部分。

这里的另一大亮点是近东部分，也许比古埃及藏品更令人惊艳。一座公元前 5000 年左右美索不达米亚的人形彩绘泥俑，是丰乳肥臀的“地母”形象，表面着色花纹可能代表文身或首饰；一块伊拉克尼姆鲁考古遗址出土的公元前 9 世纪亚述新王朝时期的雪花大理石“神树”浮雕，树冠上那一簇簇张开的扇形叶片图案很可能来自椰枣树，神树被认为是巴比伦神话中掌管丰收的伊什塔尔女神的象征；同一遗址发现的一组亚述王宫石刻浮雕最有趣，带翅膀的男精灵们个个拎着精致的“手袋”，有的还戴“手表”，帅呆了！现代时装设计也许可以从中找点灵感。考古学家的解释是，“手袋”是用来浇灌、清洁神树的“水桶”，“手表”上的蔷薇花饰则与伊什塔尔女神崇拜有关，尼姆鲁遗址的伊什塔尔神庙出土了许多这样的蔷薇花饰。

欧洲美术显然不是这家博物馆的重点，但对有心人来说也不乏惊喜——法国绘画作品有莫奈的《弗农教堂》和《威尼斯总督府》、凡·高的《柏树》、图卢兹－劳特雷克的《红磨坊》、库尔贝的《池塘边缘》和德拉克洛瓦的《被父亲诅咒的苔丝迪蒙娜》。沙俄随军画家瓦西里·韦列夏金作于 1877 年的《战俘之路》是一件摄人心魄的大幅作品，白雪覆盖的大路通向天际，路边横七竖八躺着僵硬的战俘尸体，有的已被兀鹰撕成血淋淋的碎片。这是俄土战争的一张“纪实照片”，逼真到残酷。

临时展览往往比永久藏品更引人关注。布鲁克林博物馆在这方面很注重“政治正确”，可能跟现任馆长安妮·帕斯特纳克是位女性有关，博物馆有一个区域专展女性主义作品，临时特展的题目也经常围绕艺术中的性、性别、种族、宗教等敏感问题。这种办展倾向与大都会艺术博物馆的保守风格截然不同，算不算将政治凌驾于艺术之上？很难说。

建筑

排队一小时，拍照四个州

陆止于此，海始于斯

奶牛和芝加哥灭顶火灾

清风明月本无价，可惜只卖四万钱

瘦 透 漏 皱

仙山主题公园

半潭秋水一房山亭

还我读书处

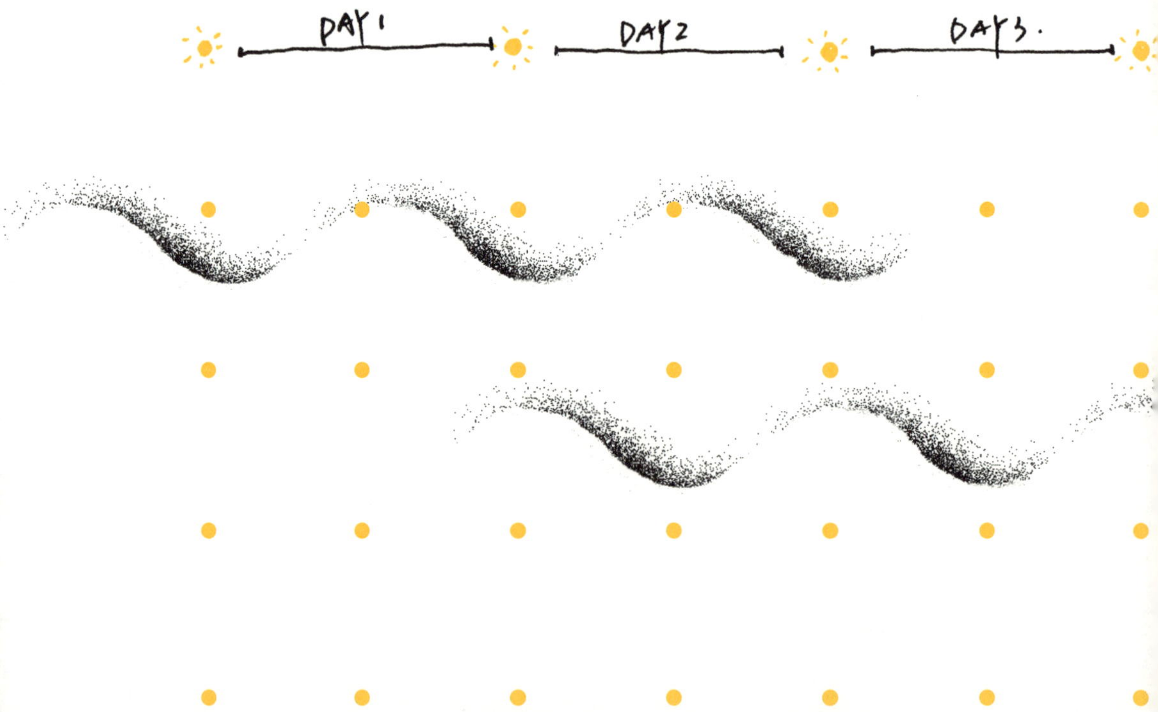

之美

佳晴喜雨快雪亭

一屋两翻轩

竹外一枝轩

值得3天

漫读苏州四园林

文○李昱臻
图○李昱臻、视觉中国

文人造园，
“三分匠，七分主人”。
他们把自己对人格和道德的追求融入园林，
成就了众多经典的苏州园林。
在这其中，
沧浪亭最老最真，
网师园小巧精致，
留园华美全面，
环秀山庄人少山绝……
拜访这四座世遗园林，
更像是与造园者进行一场跨越时空的对话。

真意山水沧浪亭

沧浪清浊

沧浪园内有一亭，也名沧浪，位于园中假山之上。假山名北崎，乃宋代原物，土多石少，古朴温润，和真山无异，衬得起“虽由人作，宛自天开”。沿着蹬道登山，山顶林木苍郁，便有沧浪亭翼然。亭有一联：“清风明月本无价，近水远山皆有情。”上联出自欧阳修《沧浪亭》一文中的“清风明月本无价，可惜只卖四万钱”。按当时的物价算，四万钱买了这处宝地，确实不算贵，欧阳修在这里调侃了一把好友。有此山在，我竟然觉得沧浪亭有了寺观园林“真山真水肃穆大气”般的禅意。

沧浪亭的名字颇有来历——“沧浪之水清兮，可以濯我缨；沧浪之水浊兮，可以濯我足。”怡然自适的渔父曾以此话回应洁身自好的三闾大夫。及至北宋年间，作为以范仲淹、欧阳修为代表的革新派一员，苏舜钦政坛失意，移居苏州为自己造了一处园林，为其取名“沧浪亭”，自号沧浪翁，以表自己效法渔父，顺应时势、韬光养晦之意。

自此开始，沧浪成为造园屡试不爽的命题，后世又有避暑山庄的沧浪屿，拙政园的小沧浪等。

巧于因借

沧浪亭中山景的精髓在“真”，而水景则是靠“借”。园子附近有一条名叫封溪的小河，河水半抱沧浪亭，上有一座石桥通向园门。沧浪亭与封溪之间并没有园墙，而是用一条复廊替代。所谓复廊，就是双面廊，可以两面观景，中间一道墙，墙上开花窗，这道复廊便将两面景联系起来。隔溪即可见园内山林，未入园内已然成景；而引水景入园，则大大丰富了园子的景观层次。

叠山

按照古典园林的造园手法，通常使用湖石叠造山峦，以写意手法力求在咫尺之地融缩三山五岳，就像环秀山庄的假山以及留园的五峰仙馆，讲究“片山多致，寸石生情”。也有另辟蹊径者，如沧浪亭的北崎，融真山于假山之中。

当初苏舜钦一眼相中这个地方，或许就是因为这条封溪是他心中的沧浪吧。苏舜钦在《沧浪亭记》中写道：“予时榜小舟，幅巾以往。”想来一定比我们这些步行前往的要浪漫许多。

复廊上有两个建筑：从大门向左，先经过面水轩，这是一处四面厅（四面皆可观景），正好位于封溪水面最宽阔处；再往东去，复廊的尽头是观鱼处，亭下有鱼。此处曾名“濠上观”，取《庄子与惠子游于濠梁之上》之意，即著名的“子非鱼，安知鱼之乐”的出处。园主自在适宜的道家风骨又一次跃然眼前。亭内还有苏舜钦的《沧浪亭记》石碑。

离开封溪后，复廊变为单廊，园内的长廊环绕假山一周，游园者走完这一圈假山，园子也就看过十之八九了。

长廊随着园内地势而起伏，廊上开花窗共 108 处，且处处不重样，堪称苏州园林的经典。沧浪亭虽建造年代久远，却因师法自然、浑然天成，成为后世苏州私家园林推崇效仿的典范。

DAY1
沧浪亭

门票

旺季（4月至5月，7月至10月）20元，淡季（1月至3月，6月，11月至12月）15元

开放时间

7:30 ~ 17:30（4月21日至10月20日），7:30 ~ 17:00（10月21日至次年4月20日）

DAY2
网师园

门票

旺季（4月至5月，7月至10月）40元，淡季（1月至3月，6月，11月至12月）30元，夜花园100元

开放时间

7:30 ~ 17:30（4月21日至10月20日），7:30 ~ 17:00（10月21日至次年4月20日），夜花园19:30 ~ 22:00（4月至10月）

DAY3
留园

门票

旺季（4月至5月，7月至10月）55元，淡季（1月至3月，6月，11月至12月）45元

开放时间

7:30 ~ 17:00（3月11日至10月31日），7:30 ~ 16:30（11月1日至次年3月10日）

环秀山庄

门票

15元

开放时间

8:30 ~ 16:30

理水

中国古典园林将水景的布置称为理水，包括溪涧、飞瀑、泉眼、河流等多种形式。水不仅是园林的重要元素，也赋予园林灵动之气，这便是“有水园亭活”。同时，水体还是景观的组织者，山石、花木和建筑常常依水布局。

小园极则网师园

网师园最突出的特点就在一个“小”字，它的面积只有沧浪亭的一半，尚不及拙政园的 1/6。其实苏州园林中比它更小的不计其数，但网师园胜在结构精巧，在有限的面积内亭台林立，山水相宜，却又不觉窘迫。私家园林讲究“以小见大”“以少胜多”——网师园就是这样一个成功的案例。

结构之美

网师园的结构之美是通过理水实现的。

园中部的彩霞池面积只有半亩多，平面规整接近正方形，聚而不散，使小水面也拥有开阔气象。水池的东南角和西北角各用一座小桥分隔出一束水头和水尾，在小桥掩映下，水景深长绵延，观之有“不知来处、不见尽头”的感受。东南角的拱桥——引静桥跨度仅 2 米，因此又被称为三步桥。同样被缩小的还有池畔的植物，园内用灌木和藤本植物取代了高大的乔木。

○ 彩霞池，池畔是月到风来亭和濯缨水阁

以彩霞池为中心，园内建筑环水而居，临水的轩亭体态轻盈，通透性高，不显压抑，而厚重的厅堂建筑则分布在园东住宅区。俯临彩霞池的月到风来亭毋庸置疑是一处胜景，亭子比两旁的长廊高出一些，亭身探出驳岸，视野开阔；亭底被山石托起，抬离水面，使得水景不仅从平面上产生了变化，在纵向空间上也富有趣味。最具巧思的设计是，在亭子贴近长廊的墙上安装一面大镜子，从对岸看过来，园中空间几乎放大一倍；而从亭中看向对岸，又能收获网师园最入画的风景。

画面中最左是开敞通透的竹外一枝轩，与其相接的是短小的射鸭廊，二者名字皆取自苏轼名句“竹外桃花三两枝，春江水暖鸭先知”。其身后园东住宅屋顶重叠，构成递进延展的空间层次。目光再向右移去，便是一座半亭和大片白墙，亭子脚下的黄石点缀驳岸，以粉墙作纸，黄石、藤蔓、洞窗为绘，自成天然活泼之景。亭子和白墙顶部露出撷秀楼的卷棚山墙，用灰色镶了边，将建筑从天空背景中勾勒出来。

又见渔父

网师园是东宅西园布局，前厅侧墙上开了一个小门，门楣上有乾隆年间的砖额“网师小筑”，由此处进入园林。“网师”意为善于张网的人，其实和“沧浪诗”里的渔父是同一个人。网师园始名“渔隐”，后几经易手，在乾隆年间形成现在的格局，并更名为“网师园”。园内彩霞池南的濯缨水阁也暗合了这个典故。

除了园林之外，园内还有一处建筑瑰宝——正厅万卷堂的藻耀高翔门楼，建于乾隆年间，因华丽的砖刻而享有“江南第一门楼”的美誉。门楼高 6 米，宽 3 米多，三重斗拱的造型翩然欲飞。上书“藻耀高翔”，意为文采飞扬，左右两侧“周文王访贤”和“郭子仪上寿”的雕刻精致鲜活，上下饰有花草和“寿”字图案，繁复精美，令人称奇。

华瞻之园，留园

苏州园林论人气排行，拙政园第一，留园可以算第二了。陈从周先生认为留园是“华瞻”之园，其空间之精湛，景观之丰富，厅堂之华美，着实担得起这两个字。这里总是人声鼎沸，只有在开园后一小时和闭园前半小时，假山和松柏才能暂时摆脱拥挤的人群，透出一口气。

但我还是喜欢来留园，就为那一见难忘的曲廊和漏窗。

○ 林泉耆硕之馆内部

空间趣味

留园和拙政园都是苏州私家园林中面积较大的，但是在空间感受上二者给人的感觉截然不同。拙政园水域广大，因此将水作为结构组织者，建筑多分散于水边；留园的中心水域局促，而建筑形成了许多小组团。呈现出的视觉感受，前者像个大开间，后者则多隔断。

体现最突出的就是留园的入口处——从大门进入，要经过一条深邃狭窄的廊道，头顶的光线幽暗，所处环境不足以让你一览无遗，侧墙的漏窗透出一二小景，颇有“庭院深深深几许”之感。长廊的尽头是一处名为“古木交柯”的小院，游览空间在这里从藏到露，随后进入一处面水敞轩的“绿荫”后才豁然开朗，中部景色尽数呈现。绿荫以西，分布着中部水景区的主体建筑涵碧山房，其东面则与明瑟楼相接，成为一艘“舫”，造型明丽，饶有趣味。此舫正好与池北的可亭和池西的闻木樨香轩互为对景。

○ 曲溪楼、水上横舟与石塔

花木

植物不仅是最具自然气息的构园元素，也是营造四时景色的重要手段，比如留园之中就藏有四季：小蓬莱的紫藤、涵碧山房的荷花、闻木樨香轩的桂花以及可亭的梅花。春夏秋冬，景致流转，入眼，入耳，入鼻，入心。

池东是由曲溪楼和清风池馆组成的建筑群，曲溪楼是南北向的二层狭长建筑，形制优雅，临水一侧开了洞门和漏窗，将造园艺术中“漏景”一项做到极致。其北面的清风池馆以一扇木格屏风掩藏水景，虚实之间使屏风两面空间产生了互动。从这组建筑中穿行而过，好像在浏览一幅山水长卷，步移景异，惊喜连连。

继续往北，就来到东部景区，这个区域集中了厅堂建筑，主体建筑是并列而立的五峰仙馆和林泉耆硕之馆。二者皆典雅华贵，是主人游园会友的核心场所，均为鸳鸯厅构造。鸳鸯厅是苏州园林的特色建筑，将厅堂一分为二，中间用隔断、挂落分成两个各具功能和风格的空间，有的从内部看屋顶也分为两半，叫一屋两翻轩。五峰仙馆的东临石林小院，区区几十平方米的面积内，用院墙、漏窗、花木几种元素打造出迷宫般的方寸空间，周围还环绕着揖峰轩、还我读书处、佳晴喜雨快雪亭等小型建筑。只有亲自到这里来看看，才能切实体会造园者创造出的空间游戏。

仙山云台

稍加留意，就会发现留园像是一座“仙山主题公园”。水池中有一座极小极小的岛，由两座小桥与东岸、北岸相连，岛名为小蓬莱。中国古代传说海上有五座仙山，也有说法是三座（蓬莱、方丈、瀛洲），因此秦汉时期的皇家园林就有了一池三山的设计，借以追求仙境。园东五峰仙馆南面开辟出一个封闭的内院，院中以太湖石叠造起五座山峰，同样是象征了传说中的仙山，更何况还有五峰“仙”馆这个名字做暗示呢。

留园的东北角藏着“镇园之宝”——你可能在许多苏州园林画册和书籍上见过的——冠云峰。冠云峰是一块单体太湖石，高逾 6 米，左右还有两块略矮一些的湖石，分别叫作瑞云峰和岫云峰。这块美玉如《园冶》中论述的那样，“上大下小，立之可观”。只要在这个三峰小院待上5分钟，你就能听到旁人若干次讲起“瘦透漏皱”。这四个字确实是古代园林选石、品石的不二准则，并能在冠云峰身上一一得到印证。冠云峰前面挖了一个小水塘，名为浣云沼，冠云峰倩影既入水中，也入水里的天宫云影之中。无论从观赏动线来看，还是神仙意境营造来看，这个偏居角落的小庭院都是精彩之处。

构山有致，环秀山庄

如果网师园叫作“小”，那环秀山庄只能用“迷你”来形容。不仅面积小，名气也小，入住客栈的老板听我说要去环秀山庄，低声念叨了两遍也没想起来那是哪里。名气小的好处显而易见，人少清幽。园子虽小，却凭借精妙布局和鬼斧神工的构山技法，与沧浪亭、网师园、留园等一同被列入世界文化遗产。

建筑

苏州园林中以单体建筑居多，种类丰富，体量从大到小依次是：堂——比如留园的五峰仙馆；轩——网师园的竹外一枝轩；亭——环秀山庄的半潭秋水一房山亭；廊——沧浪亭的复廊等。园林建筑与住宅建筑各司其职，主要满足园主人游览、会友、兴趣等功能需求。

半潭秋水

环秀山庄藏在苏绣博物馆身后，入口十分不起眼。穿过门厅和前堂就是一座四面厅（四面开窗，可四面观景），厅名即“环秀山庄”，园子也因此得名。

四面厅后有一处平台，是这个迷你园中最开敞的地方，可将全园山水亭阁收于眼底。平台面水，一座曲桥低贴水面，通向水中央的假山。一条边廊沿水畔而过，廊上花窗小而精，各不重样的几何图案也是园子的一处看点。边廊是环秀山庄的最佳观景处，视线沿曲桥通往厅内主景假山，水面也越来越窄，利用透视感营造出水景的幽深意味，假山松石挺秀，水畔迎春低垂，植物种类和色彩丰富。建筑也构成了递进的景观层次，问泉亭、补秋山房和半潭秋水一房山依次展开。浮于水面的问泉亭是园林的视觉中点，东与假山咫尺之遥，南面越过池水和四面厅相望，东北连接补秋山房，亭子西北角有一泉，名为“飞雪”。沿爬山廊从补秋山房向上来到半潭秋水一房山亭——是的，这座亭子的名字就是这么

○ 从边廊看向假山、问泉亭和半潭秋水一房山

长——游园也就到头了，这个名字大概是出自唐诗《山居喜友人见访》，这一神来之笔恰好点明了园子的山水关系，也大致可以猜到从亭内俯瞰园林会看到怎样的景观。

一房山景

园内假山是清代园林圣手戈裕良的作品，也是苏州园林不可复制的叠山典范。虽占地仅半亩（整个园子也就 3 亩），却拥有奇峰峭壁，深谷幽涧。假山主体位于问泉亭东南，陡出于水面，为了凸显山高，故意把水面做低，且因水体狭窄，更衬托出山体雄浑。

主峰高 7 米多，山势向南走低，沿驳岸延伸至平台，同时园内西北角有余峰作为呼应，此二处设计使得假山有峰峦叠嶂之感，连绵而不绝。溪涧上还有两座危桥，一处为一块石板搭建的平桥，另一处是利用假山石做成的石梁，桥距离水面有数米，“峡谷”幽深，突出山势险峻。从边廊和平台远观，能见假山遒劲壮阔的体态；在问泉亭可正面近观危桥和峭壁；半潭秋水一房山亭位于假山后山，亭边有曲径通向假山主峰，从这个角度往山上看，假山土石结合，野趣盎然，又是另一番神韵。

聆听葡萄牙建筑中的海洋之歌

文◎野路
图◎野路、视觉中国

◦ 卡尔莫修道院

卡尔莫修道院
——海洋之灾带来的“如诗废墟”

没有朦胧神秘的光线，没有精致的玫瑰花窗，甚至没有肋架与屋顶……位于里斯本商业区内的卡尔莫修道院与其说是哥特式教堂，不如说更像一片废墟——海洋为葡萄牙带来的不只是荣光，还有灾难和苦痛。1755 年的里斯本大地震让葡萄牙的经济与国运再也难回辉煌，尽管之后城市在一点点复苏重建，卡尔莫修道院却成为一道难以愈合的伤口，永远定格在了灾难发生的那一刻。

神奇的是，卡尔莫修道院在自然的力量下获得重构。墙面、装饰和雕像早已震碎，就连中殿的天花板也完全坍塌，唯独剩下一副石头框架骨骼，在天崩地裂的摇晃中坚定地抓住了土地，并屹立数百年。在这里，室内和室外的定义被消解——草坪替代了石材拼花铺地，天空代替了花纹繁复的穹顶，只剩哥特式的尖拱仍矗立向上。束柱与拱形边框描绘的不再是精美的宗教故事，而是云朵与飞鸟、尘埃与星空。站在教堂内部，也是站在里斯本的天空之下，更容易被那巨大石构的阴影所震慑。灾难性的摧毁成就了一个“如诗般的废墟”。

我在主殿后的遗址博物馆中遇到了一群拿着作业本、嘻嘻哈哈地在人群里穿梭的当地小学生。几个小脑袋常常挤在展柜面前，认真地寻找题目上的文物，做着有趣的识图游戏。他们举着作业从老师那里讨来小花奖励，然后欢笑着在石柱废墟间追逐嬉闹。在历史苦难和无常的自然面前，孩童的笑脸比一切都更有力。

网址
www.museuarqueologicodocarmo.pt
地址
Largo do Carmo，1200-092 Lisboa
票价
5欧元（约40元）/人，学生及65岁以上者4欧元（约32元）/人，14岁以下儿童免费
开放时间
10月至次年5月10:00~18:00；6月至9月10:00~19:00；每周日及1月1日、5月1日和12月25日休息

热罗尼莫斯修道院
——宗教建筑中的“大海风格”

曼努埃尔风格形成于15世纪晚期到16世纪中期，是葡萄牙晚期哥特式建筑向文艺复兴风格的过渡。在这个阶段中，葡萄牙人将大量海洋元素和航海故事融入传统的教堂装饰，同时加入在航海贸易途中所见闻的东方美学，形成了一种特有的建筑语言，并以当时执政的曼努埃尔一世命名。

坐落在里斯本贝伦区的热罗尼莫斯修道院是曼努埃尔风格建筑的代表，耗时百年建成，述说着航海时代的荣光。走在修道院内的回廊拱顶下，在华丽繁复的雕刻装饰中寻找图腾——贝壳、海藻、树叶、船上的导航浑仪、锚链和绳索，以及十字架——也是一项有趣的挑战。正因具有丰富的海洋元素，曼努埃尔风格也被称为“大海风格”。

修道院内部还有一座圣玛利亚教堂，高32米，宽13米，巨大的主建筑被众多山形墙与小尖塔簇拥着。教堂内部是拉丁十字形平面结构，6根25米高的八角立柱相互延伸交叉，组成对称的拱顶结构，撑起宏伟高耸的教堂空间。

○ 热罗尼莫斯修道院

网址

www.mosteirojeronimos.gov.pt

地址

Praga do Imperio 1400-206 Lisboa，1400-206 Lisboa

票价

10 欧元（约 80 元）/ 人，儿童半价，每月第一个周日免费

开放时间

周二至周日 10:00 ~ 18:30；10 月至次年 5 月 10:00 ~ 17:30；每周一及 5 月 1 日、6 月 1 日、6 月 13 日、12 月 25 日和复活节休息

里斯本大地震

里斯本大地震是欧洲历史上第一次被科学记录的地震，也是人类史上破坏性最大、死伤人数最多的地震之一，震级据测在 8.5 ~ 9.1 级，推测死亡人数达 9 万。地震引发的海啸和火灾几乎将整个里斯本摧毁。

圣玛利亚教堂还是达·伽马的安息地。据记载，这位葡萄牙航海家正是从这里启航，开辟了印度新贸易航线。后来，这里便成为海员完成陆地与海洋交接前的祷告室。数百年前，即将穿越海洋去探索另一片大陆的水手们，是怀着怎样的心情站在这里闭目祈祝？他们有多少人功成而返，又有多少人永远留在了海底，也把对陆地的最后眷恋遗存在了这座教堂里？

1998 年世博会葡萄牙馆
——海洋，未来的遗产

1998 年世博会在里斯本举办。矗立在塔古斯河口的葡萄牙馆，呼应着该届世博会的主题："海洋，未来的遗产。"象征着这个国家的现代与开放。其设计者阿尔瓦罗－西扎是葡萄牙最重要的现代建筑师之一，曾于 1992 年获得建筑界最高荣誉普利兹克奖。

葡萄牙馆饱含诗意与力量。那似乎飘浮在空中的轻盈屋顶，像从海面漂来的一张翻开的书页，轻落在巨型门廊上。它也像是覆在两侧砌体之间的一张薄膜，在雨后承载着几滴积水向中心沉去，沉出一个紧绷的优美弧度，定格在将沉未沉的那个瞬间。

建筑师用简洁的手法创造出了一个海边的公共广场，把海景框入建筑之中，用对景关系和开敞空间表达着葡萄牙人对于海洋的尊重和对世界的友好开放。70 米 ×50 米的巨大顶棚厚度仅有 20 厘米。为了达到良好的视觉效果，屋顶采用了类似悬索桥的技术。两端预应力混凝土浇筑的门廊拉结着拱形钢索，钢索在增加屋顶混凝土强度的同时也被拉紧，屋顶的重量避免了下方强气流对建筑造成的冲击，这是建筑结构工程中的一项突破。旁边的巨型门廊被 9 根立柱有韵律地划分开来，在强烈的阳光下形成锋利深邃的阴影。行走在建筑体量的空隙处，伫立在里斯本海边，仿佛都能听见历史忽近忽远的回响。

海角圣母教堂
——对海洋的永恒守望

我从里斯本城区出发，驶向大西洋的岸边。窗外热闹的街景安静下来，挤挤挨挨的屋宇变成了草坡与树木，连接起大西洋无垠的静默。

到达这里时已是下午，此时天空与海面都被晕染成温柔的玫瑰色，草叶在风中颤动，潮汐在赤色崖壁上扑出白色的浪花。一对恋人依偎在海角边的岩石上，看夕阳沉入海面。远处的灯塔亮起微光。路的尽头便是海角圣母教堂。

相传 ,14 世纪中叶在此处发现了圣母像后，朝圣者便络绎不绝。教堂夹在南北两侧长长的拱形柱廊之间，围合出一个纵深感很强的庭院。

○ 海角圣母教堂

建筑整体呈平面 U 形，体量不大，但空间转换十分巧妙。

从立有十字架的柱廊端头处进入庭院，周遭一下子安静了，只有脚下的碎石子沙沙作响。从庭院入口到进入教堂内部，还需要走很长的路。一路上两侧等距排列着一模一样的拱柱，形成强烈的秩序感，和荒野景象产生对比，也暗示着尽头的神圣。这段路程从自由荒芜到庄严，为长途跋涉的人提供了足够的心理铺垫，让他们以平静肃穆的心情站在教堂面前。

海角圣母教堂由 Joao Antunes 在 1701 ~ 1707 年设计建造而成，造型朴素，外表光洁。教堂外观为巴洛克风格，内部由中殿和讲坛组成，殿内多以石材覆层，并保存着 18 世纪的彩绘。屋顶设有一个带有海角圣母形象的壁龛，以三角形山形墙装饰，两侧为小钟楼。

穿过这座小小的教堂便又可以看见海洋，宁静而辽阔。教堂之外北侧不远处的罗卡角，是整个欧亚大陆的最西端。那儿也有一座灯塔，旁边矗立着一块石碑，上面镌刻着一句葡萄牙诗文：“Aqui，onde a terra se acaba e o mar começa。”（陆止于此，海始于斯）

圣本托火车站
——装饰瓷砖的魅力

距离里斯本300公里外的波尔图，建筑同样精彩。坐落于市中心阿尔梅达加勒特广场的圣本托火车站，始建于百年前，建筑整体呈法国风格，以大厅内近2万块Azulejo瓷砖组成的装饰画而著称。

装饰瓷砖“Azulejo”一词，来自阿拉伯语Az-zulayj，意为“光滑的石头”。葡萄牙所在的伊比利亚半岛曾被北非殖民，延续了摩尔人“对空白的恐惧”，乐于把所有留白的墙面用纹样和色彩填满。在学习了意大利、荷兰等地的技术之后，葡萄牙人慢慢发展出自己的风格。如今，瓷砖装饰深入葡萄牙人生活的各个角落，仿佛成了当地人的记事本，内容从自然纹样、几何图案到逸闻故事，不一而足。Azulejo样式繁多，其中以象征海洋的白底蓝纹最为著名，在商店、民居、教堂立面，甚至地铁站里都可以看到。

圣本托火车站使用的就是白底蓝纹的瓷砖。瓷砖上的图案全部由艺术家手工绘制，在壁柱间描绘着葡萄牙的重大历史战役、乡村风土人情和城市码头风光，人物细节毕显，画面宏大而精美，来到火车站仿佛探访了一座小型美术馆。

如今，这座火车站仍在使用。从热闹的广场走进车站，阳光透过高窗照亮古老的大钟，门口卖盐栗子的小贩吆喝着生意，拎着藤编篮子的妇人牵着孩子等车，只有像我这般的旅行者，或拖着行李，或举着相机，一个个都被眼前的画面震慑了。

○ 圣本托火车站

芝加哥：建筑之城内与外

文○李潇楠
图○李潇楠、视觉中国

○ 密歇根湖畔漆黑的威利斯大厦

奥利瑞夫人怎么也不会想到，
自家的奶牛踢翻了一盏灯笼，
引发的大火竟能将芝加哥市中心
除水塔以外的建筑尽数摧毁。
而近一个半世纪后，
涅槃重生的芝加哥已经成了“建筑之城”。

建筑之外，
或古朴或现代的外观吸引众人眼球；
建筑之内，
各类艺术形式轮番上演。
芝加哥严肃的外表下，
暗藏着自由浪漫的文化内核。

建筑之外：钢筋混凝土的奇思妙想

威利斯大厦：全城制高点

在被吉隆坡双子塔取代前，威利斯大厦坐拥“世界第一高楼”的头衔长达 24 年。彼时，它的名字还是希尔斯大厦——曾经的美国零售百货之王的驻地。直到今天，你在芝加哥的街头问当地人威利斯大厦怎么走，得到的反应多半仍是“Oh，the Sears Tower?”

这座 110 层（包含底座 3 层）的芝加哥最高建筑，自 1974 年起便守护着城市天际线。通体漆黑的玻璃外墙，仿佛把《第五元素》里的外星殖民大楼移到了现实中，楼顶上 85 米高的广播天线则像两根牛犄角，倔强地宣示着自己的超级明星地位。

威利斯大厦是不少企业的办公场所，全美最大航空公司之一的美联航总部便位于此。不过，位于 103 层的天空观景台才是威利斯大厦的魅力所在，人们排队 1 小时，只为了在 412 米的高空远眺 4 个州的风光。

马里纳城：两根玉米棒

从奥黑尔机场到酒店的高速公路一路通畅，公路两旁的各式建筑“乱花渐欲迷人眼”，还来不及展现自己的身姿就消失在汽车后视镜中。直到一个“异形怪物”出现在眼前，车上的人纷纷掏出手机一阵连拍——原来是“玉米大楼”到了。

“玉米大楼”的官方名称是马里纳城，马里纳城像玉米，具体地说是两根 61 层、179 米高的大玉米棒。饱满的大颗“玉米粒”镶嵌在大楼 21 层至 60 层的外围，实际上那是每层住宅的阳台。1 层到 19 层的停车场就像细长扁平状的玉米粒，共有约 900 个车位。第 20 层位于大小玉米粒之间，是一个巨型洗衣房，人们可在此 360 度环览卢普区。大楼的核心——玉米芯，是直径约 11 米的超大型电梯，不过它可一点儿也不笨重，

○ 两根玉米棒

只需33秒就能从1层升至61层的顶部观景台。

除了两根玉米棒，马里纳城建筑群还包含购物中心、剧院等生活空间，底部更是建有一个通向芝加哥河的码头。站在快艇上仰望玉米大楼，甚至会产生轻微的晕眩感。

不要将芝加哥人与冷冰冰的建筑外观画等号，他们虽然通常外表严肃，内心却是艺术的拥趸。你可以钻进历史博物馆，一睹火灾肇事奶牛佩戴的铃铛；或是驻足于芝加哥剧院的橱窗前，挑选自己心仪的剧目。在芝加哥，艺术是大众生活的一部分。

论坛报大厦：另类哥特风

芝加哥街头常见一种报纸自动贩卖机，排在最显著位置的永远是《芝加哥论坛报》，而它的前总部大楼——论坛报大厦，则占据着芝加哥河畔的绝佳位置。大厦的新哥特式外观来源于一场1922年的建筑设计竞赛，主题简单明了：全世界最漂亮、最与众不同的办公大楼。当时的芝加哥流行简约风格，而来自纽约的建筑师约翰·豪厄尔斯与雷蒙德·胡德的设计思路却与这一风格大相径庭（如在楼顶修建哥特式飞扶壁），他们的方案最终击败了最热门的芬兰设计师作品，爆冷胜出。

论坛报大厦另一与众不同的设计，出自时任老板罗伯特·麦考密克的天才创意。动工前，他派报社员工从世界各地的著名建筑上搜刮大石块，并将它们镶嵌进了自家报社大楼的低层石体中。“不幸中招”的建筑包括泰姬陵、吉萨金字塔、巴黎圣母院等，甚至还有中国的长城。到今天，石块的总数已有约150块。其中“阿波罗15号”带回的月球石块是一个例外。由于NASA拥有石块的所有权，他们只是将其租借给大厦，因此这块月球石如今只能静静地躺在大楼的礼品店里，供来往游人参观。

芝加哥建筑参观指南

第一夫人游船

90分钟的航程将带领你认识芝加哥河两岸的知名建筑，如“玉米大楼”、波音大楼等电影中的常客及其背后的故事。

黄金时代步行体验

让你了解芝加哥黄金时代的建筑风格，包括文化中心的蒂凡尼穹顶、Palmer House Hilton的镀金装饰等。

直升机体验

由Chicago Helicopter Experience公司运营的直升机之旅，将在15分钟的飞行中带你从空中欣赏迷人的芝加哥大楼。公司按照不同时段提供“日出之旅”“暮光之旅”，还可以按照需求定制飞行时段、路线和主题。

www.chicagohelicopterexperience.com

○ 论坛报大厦

美国那些著名高楼

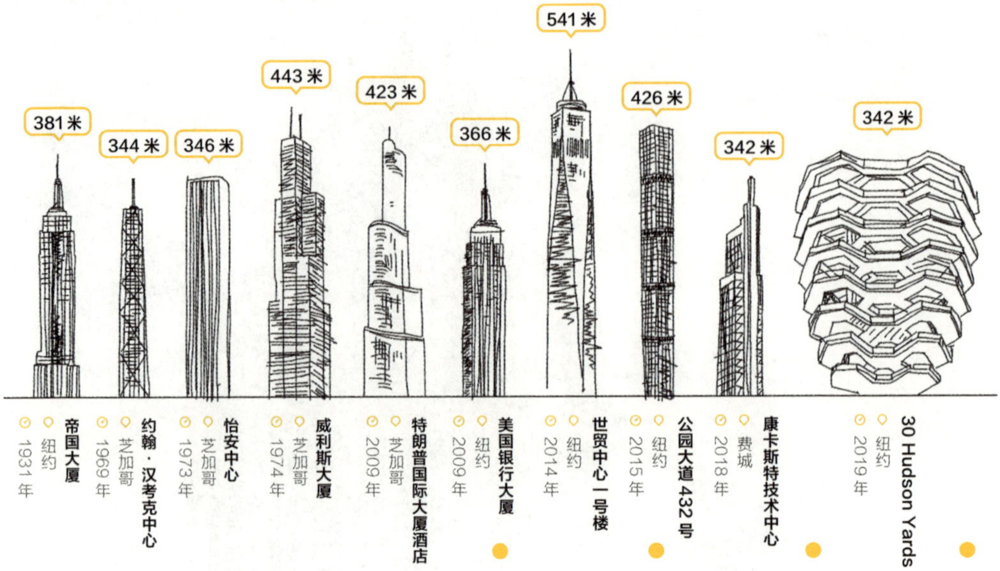

建筑之内：绘画与音乐的动静结合

“艺术学院的星期四下午”

此时是傍晚 7 点，我站在芝加哥艺术学院的 240 号展厅里，静静地端详《大碗岛的星期日下午》(*A Sunday on La Grande Jatte*)已近 2 个小时。

参观者越来越少，今天是周四，艺术学院的关门时间将延长至晚上 8 点，因此即便是寒冷的雨天，我也选择多待一会儿。芝加哥艺术学院的世界名画不少，比如格兰特·伍德的《美国哥特式》、爱德华·霍普的《夜游者》，更不用说人声鼎沸的凡·高和莫奈展厅里的那些画。可对它们，我兴趣不大，简单地按了几下快门就直奔 240 展厅。

我为“大碗岛”而来，而它如此吸引我的原因，是修拉与众不同的点彩技法。他耗时 2 年，为该画苦心孤诣地创作了 400 多幅素描稿和颜色效果图，最终以绿色为主色调，将红、黄、蓝、紫等其他颜色的色点点在了近 2 米 ×3 米的巨大画布上。单色光的色点互相组合，形成各种复杂和奇妙的色彩。

人潮散去，我拿起相机走到画前，拍下画面中的男人、女人、孩子、动物、草地、水面，以及边框，在一旁独自欣赏起来。

周末视听享受

2019 年恰逢芝加哥戏剧年，在芝加哥数百个文化场所、剧院、公园和社区里，各类即兴表演、舞蹈、歌剧、木偶剧、话剧等文艺活动层出不穷。于是，音乐剧《汉密尔顿》和踢踏舞 *Dein Perry's TAP DOGS*，成了我度过周末的文化消遣。消遣一词用在《汉密尔顿》身上可能略有不妥。在演出开始前，我已仔细查阅了美国开国元勋亚历山大·汉密尔顿的生平，包括他与副总统阿龙·伯尔决斗身亡后的医生报告。可当舞台上的演员们开始用嘻哈、蓝调、爵士等不同音乐形式来推进剧情时，我的耳朵还是抵抗不住英文单词的轰炸。好在演员们的表演功底开始显现，我也逐渐沉浸其中。

相比之下，第二天的踢踏舞表演 Tap Dogs 则是一场活力十足的视听享受。6 名男演员，不同的身形，不同的绝活，不同的道具，踢踏舞鞋踩出的声音甚至能盖过现场演奏的巨大鼓点声。观众也来了兴致，开始配合演员们吹口哨。坐在我斜前方的一对美国老夫妇虽然捂上了耳朵，却依然笑容满面地欣赏着年轻人的表演。

○ 歌剧汉密尔顿

欧洲城堡花园

文○蔡丸子
图○蔡丸子、Régis Colombo、视觉中国

○ 欧洲常见的城堡花园一隅

欧洲的古老城堡灿若星辰，
它们似乎总与权位、爱情、阴谋等各种传奇故事紧紧相连，
但人们常常会忽略了它们另一个美妙的组成部分：花园。
事实上，再坚硬冷酷的城堡，
通常也有或浪漫温柔、或典雅大方的花园相伴，
以下几座便因其最骄傲的花草景观而闻名。

格鲁特 - 拜加登城堡：郁金香迷宫

一年之中只在最美的 1 个月间对公众开放，使得格鲁特 – 拜加登城堡（Groot–Bijgaarden Castle）似比荷兰著名的库肯霍夫花园还要珍贵几分。

城堡幽隐于葱郁森林中，距离布鲁塞尔市区仅 7 公里。14 公顷的土地上聚集了几乎所有春天盛开的花朵，尤其是球茎植物，据说多达 100 万株，而仅仅是郁金香的品种就超过 400 种。占地 1000 平方米的现代温室内展出比利时和荷兰的花卉等植物，每一个来访的人都可以欣赏到众多鲜切花和观赏植物。

城堡佛兰芒文艺复兴风格的建筑建于 17 世纪，美丽而纯粹。在数百年间几易其主之后，如今城堡内居住的是 Xavier Pelgrims de Bigard 先生及其夫人 Nicole De Smet 女士。几年前，他们在整理城堡文件时找出

拜加登城堡在每年开放期间都会承办布鲁塞尔国际花展（Floralia Brussels），还曾在 2018 年推出纪念彼得 · 勃鲁盖尔（Pieter Bruegel）450 周年忌辰的特展，他是 16 世纪尼德兰地区最伟大的画家。

www.kasteelgrootbijgaarden.be

了一张百年前的迷宫图案（植物迷宫是西方园林景观的代表之一，很多宫殿、城堡内都能看到这样的设计，通常会用树篱灌木来制作），于是女主人用这张古老的迷宫图案设计了一个别致的郁金香迷宫。在迷宫中探索相当有趣，不过因为郁金香低矮，所以路径实际上一目了然，走起来也就非常简单。

比利时 · 格鲁特 – 拜加登

4月6日至5月5日

○ 比利时格鲁特 – 拜加登城堡

奥尔登 · 比尔森城堡：以蔺草之名

在欧洲的历史遗迹宝库中，奥尔登 · 比尔森城堡（Alden Biesen）无疑占有一席之位。它始建于 1220 年十字军东征时期，当时德国骑士团在此创立了修道院，后来陆军指挥官留了下来。最初他们将获得的所有收益都献给十字军东征的理想，后来则用于满足奢侈的生活。城堡在 16 ~ 18 世纪发展到鼎盛，直到 18 世纪末法国大革命结束后，城堡建筑群被公开出售，之后的 200 年间一直归私人所有。“二战”后，城堡开始落寞，在 1971 年一场大火后被比利时买下，并成为佛拉芒政府的欧洲文化中心。如今古堡秩序井然，当年设计的英国风景花园依然美丽，还会举办国际花艺展等各类世界级文化活动，俨然恢复了活力。

奥尔登 · 比尔森城堡不仅是风光宜人的历史遗迹，它还作为一处文化与活动中心，时常组织音乐会等演出，举办国际故事节以推广欧洲故事艺术，另有适合年轻人与老人的“Bilzen Mysterie”日间探索及夜间声光互动体验。

www.alden-biesen.be

比利时 · 比尔森

全年

奥尔登 · 比尔森城堡

城堡漫长曲折的历史令人痴迷，而其有趣的名字也值得一提。比尔森的名字 Biesen 其实是当地的一种水生植物：蔺草（又名灯芯草）。这种植物修长柔韧，一般生长在沼泽湿地或沟渠附近的浅水处。它的草杆为圆柱形，内部充满海绵状的轻髓，这使它在吸收大量水分后变得非常柔软，可向各个方向弯曲。当地人常收割它的秸秆，待干燥后作为编织物的原料——一般是捻在一起形成厚度相同的草绳，并且可以编出种类繁多的装饰性图案。

直至现在，城堡附近的很多湿地中还生长着这种植物，想来城堡修建时应该更为繁盛，城堡也因此得名。“Alden”的意思是“老的”——在城堡落成之后的几个世纪中，城堡拥有者又在约 20 公里开外的马斯特里赫特城建了一座新的城堡，所以这座旧堡自然就成了“老蔺草城堡”。

梅根宏城堡：绣球仙境

如果有机会拜访梅根宏城堡，不妨在来去途中尝试坐船这一交通方式。城堡花园中的一条步道绕过葡萄园通往山下，山脚下有两座遗世独立的漂亮船坞，就静静地坐落在卢塞恩湖畔。可在此处等待船只，有一站可达卢塞恩市区。
www.meggen.ch/de/schlossmeggenhorn

梅根宏城堡（Meggenhorn Castle）坐落于卢塞恩湖的一片岬角上，四周环绕着浪漫的大公园，静谧如仙境。这座优雅建筑的灵感源自法国卢瓦尔河谷香波堡，最早是一座建于 1240 年的庄园城堡，其后数百年间陆续兴建了一栋乡间别墅、钟楼、花园与哥特式教堂。

城堡的花园位于半山坡，由 19 世纪末的主人 Edouard Hofer 扩建。法国花园的规则图案与新文艺复兴时期的城堡相匹配，另一处自然风格的英式花园则与新哥特式的城堡小教堂相呼应。置身园内，白雪皑皑的阿尔卑斯山和湛蓝的卢塞恩湖仿佛远在天边又近在咫尺，使人心旷神怡。700 多年来，这处仙境就这样安静地望着阿尔卑斯的雪水流入森林湖，看着青空中的白云点燃绯红的花朵，观察着草坪由绿变黄、又转为绿色，如此年复一年。难怪这里会成为瑞士人举行婚礼的圣地——将一生最幸福的时刻凝固在这里，想必是意义非凡。

我拜访时，整座城堡被重重绣球包围，在欧洲普遍干旱的年份，这里的绣球依旧开得如火如荼。自 2012 年以来，这里收集了 40 多种瑞士传统绣球花，可以说是一座绣球集合地。值得一提的是，为了防止瑞士人喜爱的古老绣球品种消失，梅根宏城堡对老品种绣球做了不少保护工作，以便瑞士园艺学家利用它们进行新的育种工作。

○ 瑞士梅根宏城堡的绣球

○ 瑞士 · 卢塞恩

全年

阿森城堡：巴洛克玫瑰

冬季闭园过后，因玫瑰闻名的阿森城堡（Kasteeltuinen Arcen）在4月初重新敞开大门。这座始建于17世纪的城堡历经战争、火灾，外表不再恢宏如昔，但在巴洛克风格的古堡和装饰性庭院之外，城堡的多功能花园和植物园已成为人们造访的另一重要理由。32公顷的土地包含15座独特的花园及一座历史悠久的乡村庄园，每个花园的大小和风格各不相同，在春、夏、秋三季都值得一游。

夏天最美的当属整个城堡最大的主题花园——巴洛克式玫瑰园（Rosarium），这里拥有10个主题玫瑰室和一间历史超过百年的酒吧。纷繁美丽的玫瑰、月季、蔷薇被高大的绿篱分割成相对独立的小花园，有的玫瑰园中还矗立着著名玫瑰育种家的雕塑。玫瑰园周边长达数千米的鹅耳枥绿廊同样令人惊叹，这条一直在生长的绿廊形成了一个独特的神秘空间，其中有两座螺旋式楼梯，是登高俯瞰整座中心花园的好地方。

城堡内还有一片东方水上花园，充满异域风情，花园内种植着甘蔗和盆景树，其中一个池塘中建有泰国渔民的美丽住房——它们曾在荷兰10年一度的Floriade花园展上亮相，后来搬来此处正式落户。

此外，城堡花园中还收集了很多品种的竹子，有些高度超过7米，沙沙的竹叶摩挲声让人感受到安宁。这些原产于中国的竹子在19世纪被引进，这在当时的欧洲可谓独一无二。

荷兰 · 北林堡

4月6日至11月3日

阿森城堡

www.kasteeltuinen.nl

瓦勒梅尔城堡：葡香沁人

在法国，著名城堡数量逾千。卢瓦尔河谷一带就群星闪耀，座座都有着显赫的历史和传奇的故事，当然也不会缺华丽庄严的花园。其中，瓦勒梅尔城堡（Chateau de Valmer）常常会运用蔬果（尤其是葡萄）来设计花园，境界之高，令人惊叹。但是它又常被维朗德里城堡（又被称为“蔬菜城堡”）盖过风头，这座城堡以植物花园闻名。

2004 年，瓦勒梅尔城堡花园被法国文化部授予“卓著花园”（Jardins remarquables）称号——在法兰西全部 1500 座公园和花园中，只有最美丽的 300 座城堡荣膺此称号。

○ 法国 · 卢瓦尔河谷

1 月 3 日至 12 月 20 日

○ 瓦勒梅尔城堡

瓦勒梅尔城堡的故事始于500多年前，彼时弗朗西斯一世的顾问Sieur Binet决定在城堡内建造一流的花园。1888年，圣维南家族买下了这里，他们对瓦勒梅尔充满热情，连续几代人都在进行花园的恢复工作，这也让城堡得以持续修缮。

现任主人艾玛尔（Aymar）接管了废弃的葡萄园并决定重新开始种植，他的妻子艾莉克斯（Alix）则在城堡中发现了早期城堡花园的设计图纸。在重建的过程中，她俨然成了一名景观专家，现在我们能看到的花园都源自她的努力。

葡萄园和花园是这里数百年来的骄傲。通常城堡的葡萄园会修建在外围，瓦勒梅尔城堡却将葡萄园中的6公顷土地划在围墙之内，并使之成为花园的一部分。城堡本身不大，却拥有占地32公顷的葡萄园，围绕着文艺复兴时期的意式台地花园而建。坐拥石灰岩质黏土和河谷的绝佳地理位置，很难不酿造出闪亮的高品质葡萄酒。

沃尔默城堡：王太后的水仙花园

建于16世纪中期的沃尔默城堡（Walmer Castle）最初是一座军事堡垒，由亨利八世为应对西班牙入侵威胁而建造。从1708年起，它成为五港总督的官邸，后来惠灵顿公爵、温斯顿·丘吉尔爵士和伊丽莎白王太后先后成为这里的主人。

400多年过去了，战火早已成为往日风云，沃尔默也从都铎王朝的防御堡垒变为一座乡村住宅，花园也随之发展起来。现在这里有主花境、厨房花园和王太后花园。其中王太后花园（The Queen Mother's Garden）是当时的主人沃登勋爵为了纪念伊丽莎白王太后95岁生日而创建，王太后非常高兴地说："我收到过很多礼物，但还从来没有人送过我花园呢！"

当春天崭露头角的时候，园中最先闪耀的就是黄水仙了——数万株黄色洋水仙，构成了城堡里最美的一幕。这里的黄水仙和中国的水仙虽然同属石蒜科水仙属，景观效果却大不同：中国水仙的花朵较小，花色比较单一，以白色花瓣和黄色花蕊为经典，芳香浓郁，在我国北方多为水培，被誉为"凌波仙子"；欧洲的洋水仙则不适合水培，它们通常群植或和草坪一起搭配种植，花色品种很多，虽然芳香较淡，但花朵大而挺拔，而且可以反复开花，所以在景观中可以以量取胜。

·······

沃尔默城堡现由英格兰遗产委员会（English Heritage）管理。这个著名的慈善组织掌管着英国全境400余处历史文化遗迹，其中城堡就有66座，独立的历史花园有23座。它还提供海外游客通票，以供免费参观100多处景点。英国类似的慈善组织还有国民信托（National Trust）、英国皇家园艺协会（RHS）等，不妨多多参考这类机构的官网信息。

英国·肯特
全年

威耶宏城堡：女人的鸢尾

日内瓦湖畔的莫尔日是一座安静恬美的鲜花小城，赫本在这里居住了 30 年后终老于此。小城的郊外有一座城堡，但凡提到鸢尾收集，全世界的花园爱好者都能说出它的名字：威耶宏城堡（Château de Vullierens）。

鸢尾是这座城堡最大的闪光点。这里生长着 400 多种鸢尾植物、13,500 种萱草、400 多种玫瑰，还有牡丹、郁金香等其他花境植物，其中的 600 多种鸢尾和萱草可供购买，很多都是欧洲独一无二的品种。每年五六月，鸢尾开花最盛，城堡也最美。

城堡的花园分为数个部分，其中几座主题花园的名字与城堡的历任女主人相关。对她们来说，照顾花园不仅仅意味着激情和工作，也是一生的热情所在。

主花园叫作“朵琳的花园”（Doreen's Garden），朵琳（全名为 Doreen Bovet）是现任城堡主人的母亲，也是在古堡花园中种植鸢尾的创始人。她酷爱鸢尾，于是从旧金山购买鸢尾根茎，并于 65 年前种下了第一批。此后她每次去往美国旅行，都会带回许多最新品种，同时也收集来自其他各国的鸢尾品种，精心研究和培育。几十年后，她拥有了欧洲数量最大、品种最全的鸢尾。除了是一名优秀的园丁，朵琳还具有相当高的创业天赋：1955 年她向公众开放了城堡的花园，以此补贴维系城堡遗产的各项高昂开支。

多莉安（Dorianne）是朵琳的儿媳和事业继承者，来自布拉格。作为一名著名的艺术家和色彩领域的实践者，多莉安为这座古老的城堡赋予了更多的艺术感。她翻新了城堡周围的建筑和露台，并在庄园中引入大型雕塑——至今城堡花园内已有 24 位艺术家的 80 件雕塑作品，为花园带来了独特的氛围。达莉亚（Daria）则是朵琳的女儿，她继承了母亲对花园和鸢尾的热情，据说她能辨认出 400 多种鸢尾。

这座城堡历史可追溯至 18 世纪，花园的前身其实是为贵族们的餐厅提供蔬菜的地方，因此被称作“厨房花园”，采用了非常典型的菜园式结构，横平竖直。建成后的一个世纪中，这里被重新设计成英国风景园林的风格，增加了很多花坛和花境，以及一条金链花覆盖的廊道，引导人们穿过花园到达橘园，围墙处还有浪漫的玫瑰步道。

○ 威耶宏城堡

瑞士 · 莫尔日

4 月 21 日至 7 月 28 日；

9 月至 10 月周末

• • • • • • •

威耶宏城堡

chateauvullierens.ch

包豪斯，
一个熟悉又神秘的名字。
熟悉的是，
大多数人都听过这个音译外来词，
也都隐约知道它与现代建筑有关。
神秘的是，
它是谁，
何时诞生，
从哪里起源，
经历了什么，
有什么样的魔力让我们
到今天依旧在谈论着这个名字。
我期待在曾经的现场，
将故事还原。

包豪斯双城记

○ 包豪斯大楼

文 ○ 姜春苗
图 ○ 姜春苗、视觉中国

包豪斯：为变革而生

初到魏玛，已感秋凉，喝完一杯热茶出门，歌剧院广场上歌德和席勒的雕像刚刚被光线擦亮。简朴的包豪斯博物馆正对着古典风格的德意志国家剧院，在宁静中对峙着，让人联想到 18 ~ 19 世纪，歌德、席勒、巴赫、李斯特、尼采曾在魏玛生活，造就了“古典魏玛”的巅峰，而进入 20 世纪初期，魏玛共和国的建立和公立包豪斯学校的诞生却将历史轨迹引入现代主义之中。

走进包豪斯博物馆，我对包豪斯单薄的想象一下子变得鲜活起来。马塞尔・布洛伊尔设计的板条椅“T1 1A”，在历史上第一次使用织物代替皮质的坐垫，采用了倾斜的座面，可以支撑整个腿部的重量；蘑菇形状的台灯 MT8，由磨砂玻璃制成的圆穹灯罩和焊接金属杆构成，塑造出先锋的工业风格，近百年来不断被生产，成为包豪斯美学的代表作之一……这些作品，在今天看来似乎太过简朴，但就像沃尔特·格罗皮乌斯（Walter Gropius）在《包豪斯宣言》里所陈述的，曾经的建筑装饰是为了视觉艺术，而包豪斯追求的则是简化装饰、强调功能和设计的和谐统一。艺术和创意，在这里变得前所未有地接地气。

公立包豪斯学校坐落在玛丽安大街上，学校的主教学楼带有辨识度很高的"包豪斯风格"——简单的线条和明亮的玻璃窗。这栋房子由学校创始人亨利·范·德·维尔德（Henry Van de Velde；他创立的艺术与工艺学校是包豪斯学校的前身）设计，门口的铭牌同时镌刻着"魏玛包豪斯大学"和"亨利·范·德·维尔德学校"的校名。除周日以外，访客都可以沿着新艺术主义风格的楼梯盘旋而上，在楼顶工作室里的工作台前，透过大玻璃窗眺望魏玛。

我来到魏玛古城的伊尔姆河畔公园（Park An Der Ilm），在连片的绿地中前行，遛狗的当地人享受着清爽通透的空气，小孩子骑着自行车在小路上驰骋。歌德最爱的便是夜深人静时在伊尔姆河里畅游，然后回到他在公园里的住所——花园小屋。

公立包豪斯学校（Staatliches Bauhaus）

Bauhaus（包豪斯）一词来源于"Haus anbauen"（德语里是"建造房屋"的意思），仿佛它一诞生就预言了其对传统建筑设计的颠覆。这是"一战"后第一所革命性的艺术设计学校，也是第一所招收女性学员的艺术院校（学校招生不限年龄、种族、性别和教育水平，第一期招收的 150 人中，有一半是女性）。学校 1919 年在魏玛成立，1925 年迁往德绍，1932 年又迁去柏林，1933 年永久关闭。学校存续期间，师傅（master）、熟练工（journeyman）和学徒（apprentice）在这里自由发挥着自己的想象力和艺术才华，开启了对现代主义艺术风格的探索。

沃尔特·格罗皮乌斯

格罗皮乌斯是包豪斯学校的第一任校长，与弗兰克·赖特、勒·柯布西耶和密斯·凡·德罗一起被誉为现代建筑设计的先驱。他强调简单、经济且美观的设计理念，令人耳目一新。在包豪斯任教期间，格罗皮乌斯引入了对设计教育的改革。后来他还担任过哈佛建筑系的系主任，设立了哈佛的研究生中心，并建立"建筑师合作组织"（The Architect Collaborative，简称 TAC），后者成为"二战"后最重要的、专注现代主义建筑和设计的公司之一。

继续行进，走到一条叫 Am Horn 的小路尽头，可以看到被铁丝网围起来的一栋白色立方体建筑——“霍恩小屋”（Haus am Horn）。现在会在这里举办小型展览。小屋是 1923 年为包豪斯展览而建造的，学校各个专业的师傅和学徒承包了小屋的一切设计和建设。当时，包豪斯学校倡导“一切都从手工艺开始，是艺术工作的基础”。学徒要开始专业学习，首先得实践，熟悉设计和色彩的原理、不同的材料和制作过程，只有修习了预备课程（Vorkurs）才能选择专业。包豪斯的基础课教育对全球设计教育的影响一直延续到今天，仍有不少艺术院校沿袭着这个传统。

霍恩小屋作为一个为三口之家或四口之家设计的住宅，起居室、餐厅、厨房、儿童房和卧室等功能性分区一应俱全，布局紧凑——厨房和儿童房相连、餐厅与厨房相连等安排体现了当时包豪斯对于功能的突出考虑；而外墙中使用防潮夹层等设计，可能并不逊色于我们所居住的现代建筑；易于打理的橡胶地板和简洁无窗棂的窗户，减少了人工清洁的时间，让人们得以更自由地投入日常生活中。整座房子配置集中供暖、中央热水系统、洗衣机和电话等现代设备，在这里我深刻地察觉到，早在 20 世纪初的家务劳动中，机械就在逐渐替代人力了。

○ 霍恩小屋附近的包豪斯风格社区

包豪斯大楼：见证一场视觉风暴

因为带有“共产主义和布尔什维克的色彩”，1925 年，包豪斯被迫离开了魏玛迁往德绍。在那里，它受到了极其热烈的欢迎。

现在的德绍包豪斯博物馆，使用的正是德绍市政厅委托格罗皮乌斯设计建造的包豪斯大楼。这座钢筋混凝土结构的大楼是 20 世纪最为知名的建筑之一，也是许多建筑系学生心中的圣地。来到这座大楼面前，包豪斯所宣扬的“国际主义风格”一目了然：方正的外形、毫无外层装饰、玻璃窗替代了水泥墙，从而让这里充满轻盈通透的感觉。这栋建筑被分成了 5 个区，包括艺术学校和手工坊、技术学校、教职工宿舍、学生宿舍，以及舞台和礼堂等公共区域。欣赏它的最佳角度，是从空中俯瞰（据说，建筑设计从这座大楼开始，才有了俯瞰图）。

现在开放的博物馆是曾经的艺术学校。

在这里，格罗皮乌斯使用了大面积的玻璃落地窗——简直是史无前例的透明。除了采光的实际功用，他更是把这里当作一个舞台：路过的行人可以看到学校的核心区域里发生着什么，师生们忙碌的身影也会打消一些当地人的不解（学校成立之初，即便是在思潮开放的魏玛，包豪斯的到来依然是一场风暴）。而马路对面的技术学校的窗户则高了很多，这样学生们就可以专心听课，而不被窗外的世界打扰。

在建筑最高区块中的学生宿舍，24 个房间同等大小，都有让阳光慷慨进入的大玻璃窗和阳台。房间里只有一张床、一张桌子和一个梳洗台。现在的建筑师们可能会更多地关注玻璃窗和阳台给外部带来的装饰效果，但匈牙利人拉兹洛·莫霍利·纳吉（Laszlo Moholy Nagy）设计的这些阳台更多是为了社交，他更关注人与建筑以及建筑所在空间的积极关系。正如我们的向导所说，吹声口哨就能轻松呼唤你的朋友，也拉近了楼上和楼下之间的距离。在这里，建筑展现了其人性化的一面，或者说，人们的日常活动赋予这些阳台更多的生命力，而不是长久以来当权者的实力象征或是艺术风格的宣言。

横架在马路上端的走廊是校长的办公室，除了一张宽敞的桌子和一个接一个灰色的铁皮文件柜，没有多余的摆设。抬起头，格罗皮乌斯先生设计的立体照明系统从天花板悬下来，电线从墙体中生长出来，长支

○ 包豪斯建筑群

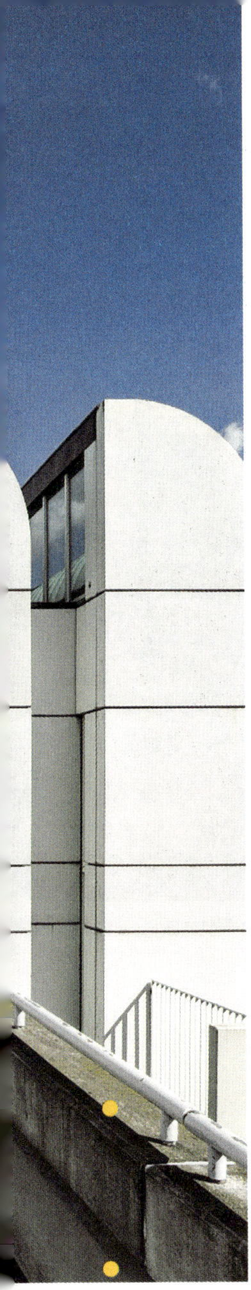

的灯管就是它们相遇的地方。也许在 80 年前，就是这样冷静克制的环境激发了他的设计灵感。

回到楼下，阳光穿过高大的玻璃窗将走廊照得亮亮堂堂，楼梯也宽敞而明快。这正是格罗皮乌斯想要的：集体生活，开放，交流。在宿舍的阳台上交谈，到天台开派对，或是在楼道里发呆……正如当时的学生们所说，这里有他们需要的一切。

我在楼梯间里徘徊，观察着这里的细节：镀铬的门把手造型简约，颜色低调，与我们几乎天天相见；暖气片取代了日常家庭里悬挂的油画——富有现代感又有一丝嘲讽的意味；以抽象派画家康定斯基名字命名的“瓦西里椅”就在回廊里的阳光下等待旅行者落脚休息。也许你没有听说过马塞尔·布劳埃（Marcel Breuer）设计的“Ceska 椅”、密斯·凡·德罗设计的“巴塞罗那椅”，或是斯坦姆设计的“悬臂椅”，但见到实物都会令你有似曾相识之感，因为它们都是现代生活中常见的家具。

走出博物馆的路口右转，在白色围墙里与公路平行而立的是 5 栋建筑， 名为“Master's House”。格罗皮乌斯的住宅最靠近学校大楼，墙壁抹水泥灰，内部十分宽敞。一楼的客厅里没有家具，墙面上有成排的水泥凹槽，大概是主人的书柜；二楼的结构则有些诡异：狭长而窄的走廊，大面积的阳台，形状呆板的窗户，有太多立体主义的影子。如此简约的房子对 100 年前的人们来说就像来自外星球，而对 100 年后的我们来说又是如此习以为常。

有趣的是，并非所有 Master 都中意这些简单的建构。瑞士画家保罗·克里先生就觉得生活在这个样板房里让他十分不自在，而康定斯基则讨厌自己家里太多的落地窗泄露隐私，因此把它们都涂成了白色，他还把各个墙面涂上 116 种不同的颜色，留下了一栋内部十分“康定斯基”的房子。

·······

汉斯·梅耶

1928 年，梅耶成为包豪斯学校的第二任校长，延续了大规模建造功能性住房的思路。在他的领导下，包豪斯学校完成了在德绍和柏林的两处大规模工程，第一次开始盈利。梅耶是激进的功能主义者，他主张建筑从人们的基本需要出发，提倡造价低廉的工程，而放弃美学上的追求。1930 年后，梅耶在苏联建筑学院 WASI 教学，并在苏联的城市与投资发展机构担任顾问，且参与了墨西哥一系列建筑及城市规划设计。

托腾住宅区：剧终曲不散

在开启此次包豪斯建筑之旅前，我仿佛经历了一次穿梭时空的建筑之旅：从南部巴伐利亚遍布“红房子”的小城，前往西边浪漫古典的海德堡和美因茨，向北到教科书一般的著名巴洛克式城市德累斯顿，以及洛可可风席卷全城的波茨坦，再经过魏玛来到德绍，从 18 世纪穿越至 20 世纪。

此行最后一站是德绍郊外的托腾住宅区（Dessau–Torten Settlement），这是包豪斯在德绍建造的最大规模的建筑群。这是包豪斯为了响应政府号召，尝试低造价住房的产物。虽然这些联排公寓给人们的印象都是制服一般的简练严肃，但一改以往工人住房空间小、采光差的状况，完全是为满足工人阶级的需求而设计的。

很多房子都在近几十年里被重新装修，只有“安通小屋”保留了原有的外部和内在布局。乔治·穆奇（Georg Muche）和理查德·保利克（Richard Paulick）设计的“钢铁小屋”和汉斯·梅耶（Hannes Meyer）设计的“阳台小屋”里还有小型展览。

包豪斯在德绍的生命也不长，在纳粹施压之下，当地政府不得不放

○ 钢铁小屋

密斯·凡·德罗

1930 年，密斯担任包豪斯学校第三任校长，曾被《纽约时报》称为“20 世纪最伟大的建筑师”。他擅长运用钢铁结构和大面积的玻璃，达到极致的简约和明亮。从 1929 年的巴塞罗那世博会德国馆，到 1930 年的图根哈特别墅，密斯充分展现了他的设计才华。1933 年，由于身处“二战”的危险之中，他不得不关闭包豪斯学校，并于 1937 年离开德国。在美国，密斯担任伊利诺伊理工大学建筑系的系主任，并引入了一种被称为“芝加哥第二建筑学派”的新教育体系。他设计的西拉格姆大厦、休斯敦美术馆和柏林新美术馆等，都是公认的现代主义建筑杰作。

1996 年包豪斯建筑群被列入世界文化遗产名录

魏玛入选世界文化遗产的建筑有包豪斯博物馆、包豪斯大学和霍恩小屋；德绍入选的则有托腾住宅区、包豪斯博物馆和 Master's House。托腾区在德绍郊外，如果想要游览，最好事先前往火车站后面的包豪斯博物馆获取相关信息和地图。

弃对这座学校的支持。1932 年，学校搬到柏林，成为密斯 · 凡 · 德罗的私人学校，次年宣布永久关闭。

正是从包豪斯时代开始，人们意识到建筑的功能并不全在其实际效用，更在于它对人们生活需求的满足，以及对经济、社会、文化、政治等问题的一种解答。包豪斯倡导的人居世界的合理化和现代化，是现代主义最大的特征之一。尽管设计理念超前，但也揭示了现代主义产生的负面效应——“城市的冷漠”，日渐发展的城市成为人与人关系疏离的一个诱因。

拉文纳——镶嵌千年的浮华

文○force
图○force、视觉中国
插画○wava

诗人但丁·阿利吉耶里在
《神曲》中写道：
“华丽绚烂的颜色和韵律装饰的图案，
宛若色彩合奏的交响乐。”
诗句赞美的是
一种让他目眩神迷的拼接艺术
——马赛克。
若想亲眼目睹马赛克镶嵌艺术的巅峰，
体会但丁当年的这份触动，
前往亚得里亚海边的
千年古城拉文纳（Ravenna）
当是最佳选择，
这里也是令但丁流连忘返
并最终长眠的地方。

○ 圣塔维教堂内景

三都之城：与历史碰撞出的马赛克巅峰

意大利共有 53 处世界遗产，为世界之最，北部小城拉文纳就占了 1/7。你可能会惊讶，这座面积不及北京二环内区域、人口仅有 15 万的小城，竟隐藏着 8 处世界级文化遗产。若要为拉文纳这些文化宝藏找一个共同特征，那便是闪烁着神秘光芒的马赛克镶嵌画。

马赛克名字的由来

马赛克是一种将彩色瓷片或玻璃镶嵌在灰泥上，用以美化墙面、地面和天花板的建筑装饰工艺。5000 多年前，两河流域的古美索不达米亚人，用黑白两色的细小圆石子镶嵌出斑斓的图案，装饰神庙的地板和墙壁。地中海另一侧的希腊人为这些聚沙成塔般的工艺惊叹，并用神话中掌管诗歌、艺术和科学的女神 Musa 来命名这种工艺，Musa 一词又慢慢演化为 Mosaic，马赛克的名字就由此音译而来。

拉文纳的马赛克是一种充满“偶然”的工艺。建筑师需先在建筑墙面抹上灰泥，用墨线勾出细致轮廓，然后按照脑海中构想的颜色和纹理敲打玻璃，挑选出大小颜色不一的嵌片，用指尖以不同角度将其一个个压入灰泥之中。嵌片的大小是偶然的，镶嵌的角度是偶然的，颜色的深浅也是偶然的。当光线从马赛克表面掠过，这些偶然便惊起一片无法预判的神秘之光。随着人的移动，光影的折射亦随之而动，仿佛马赛克也有了生命，不再是冰冷的碎片。

其实，马赛克在拉文纳的兴起，源于这里与欧洲中世纪历史的一次偶然“碰撞”。

公元 4 世纪，积贫积弱的古罗马帝国为躲避西哥特人的侵袭，含泪离开了帝国的龙兴之地罗马。分裂后的西罗马最终选定拉文纳作为新都，拉文纳由此大兴土木，马赛克装饰艺术也随着建筑业的兴盛达到前所未有的巅峰。西罗马灭亡后，拉文纳继续作为东哥特王国和拜占庭帝国意大利王国的首都，将马赛克的繁荣延续了 350 多年。

当历史的车轮转到 8 世纪初，伦巴第人终结了拉文纳作为首都的荣光与地位，马赛克镶嵌艺术也随之走向没落。

与此同时，在与拉文纳相隔不远的亚得里亚海边，威尼斯迅速崛起，马赛克镶嵌工艺也随着历史中心的迁移流传到了威尼斯，以至于现在威尼斯穆拉诺岛（Murano）的玻璃制品举世闻名，引得游人如织。

在这些貌似随意拼接的马赛克玻璃碎片上，仿佛有幽灵转动着穿越千年的历史密码。如今，马赛克已成为工业标准化生产下的装饰材料，机器加工出来的马赛克大小划一、色彩一致，却少了当初的艺术韵味。

加拉 · 普拉西提阿陵墓：西罗马首都时期的马赛克艺术巅峰

与各时代皇族一样，加拉 · 普拉西提阿生前就为自己筹建了最后的归宿——加拉 · 普拉西提阿陵墓（Mausoleum of Galla Placidia）。

陵墓建于公元 5 世纪，位于拉文纳西北角，与其举世闻名的声誉形成反差的，是这里称得上寒酸的建筑外墙。陵墓不大，仅两层楼高，历经千年沧桑的红砖墙面上，除了罗马拱和砖砌线脚等简单装饰，再无特别之处。然而当参观者从一个狭小的门口进入墓内，待眼睛适应了内部的幽暗，几乎每个人都会不由自主地发出惊叹：地板和墙裙黄色的锡耶纳大理石简洁朴素，天花板和墙壁上如画卷般展开的马赛克装饰却炫目迷人。绚烂的色彩、丰富的纹样、惟妙惟肖的人和动物，竟都是用小小的马赛克镶嵌而成的，令人叹为观止。

陵墓平面呈希腊十字形，希腊十字四臂等长，这种建筑结构常被东正教堂采用。十字四个筒拱的端头是四幅最主要的半圆形马赛克镶嵌画，分别描绘了耶稣、圣劳伦斯和双鹿。

《诗篇》第41篇有云：“神啊，我的心仰慕你，如鹿仰慕溪水。”《双鹿壁画》就是对这句赞美诗的完美表达。活灵活现的小鹿穿过开着白花的羊齿蕨丛走到湖边，它注视着溪水，眼神中充满渴望。当面对这幅灵动的马赛克祈祷时，也许念诵赞美诗的人也会想象自己化身为鹿，穿过密叶和森林，向着光明前行。

《耶稣牧羊图》则反映了约翰福音的另一个主题：羊温顺驯良常被喻为普通百姓，化身牧羊人的耶稣以悉心照料这些小羊为己任。牧羊主题的宗教画常出现在各大教堂之中，但多以湿壁画和油画为主，选用马赛克表达而又制作得如此精美的，实在罕见。画面中央，牧羊人耶稣身披金色长袍，手持与人同高的金色十字架，坐在一片棕榈丛中。

棕榈因生长在阳光充足之地，枝繁叶茂形似万道霞光，在艺术史上被视为光明与永生的象征。画中，马赛克拼贴出的棕榈茂密丰满、翠色欲滴，在每个叶片的中央，工匠还镶嵌了几点金色马赛克，映衬着耶稣周身散发的金光。

陵墓上方为八个圣像守护着的球形穹顶，穹顶中央是一枚被群星环绕的金色十字架。穹顶整体呈靛蓝色，象征着夜空，四角装饰着狮子、公牛、老鹰和人，他们代表着四圣，即圣马可、圣路加、圣约翰和圣马太，威尼斯圣马可广场上屹立着的金狮便取材于此。如此美轮美奂的“星空”，让人早已忘却身处方寸之所，感觉自己似乎漫步在无边的苍穹之下。每走一步，马赛克便呈现出不同的光影，不知哪个暗处会突然闪起粼粼微光，仿佛夜晚湖水突然翻起倒映的明月，令人沉醉。

加拉·普拉西提阿先后作为不同时期三任罗马皇帝的妹妹、妻子和母亲，她本希望自己在走完这波澜壮阔的一生后，能永眠于这马赛克的星空之下。可惜事与愿违，马赛克的微光最终没能如霞帔般覆到加拉·普拉西提阿的石棺之上，她最终不得不和整个家族一起安葬于罗马圣彼得大教堂。幸运的是，这座陵墓保留了下来，随这里的主人一起，幻化为历史长河中如马赛克一般闪着幽光的传奇。

马赛克镶嵌艺术的诞生

在经济繁荣、生活富裕的古罗马，昂贵的红色大理石来自埃及，稀有的绿色大理石来自遥远的伊朗和中东，豪奢的彩色大理石更非普通百姓负担得起的装饰耗材。随着彩色玻璃工艺的成熟，擅长建筑和绘画的古罗马工匠开始尝试用彩色玻璃进行拼接镶嵌，并随心创造出想要的花纹和图案。渐渐地，马赛克从一门建筑工艺发展为真正的镶嵌艺术，迅速风靡罗马。

○ 加拉·普拉西提阿陵墓

圣亚坡理纳大教堂：
东哥特首都时期的马赛克艺术巅峰

风雨飘摇的西罗马帝国终于在5世纪末走到了尽头，大部分意大利国土都被巴尔干崛起的异族部落占据，这就是东哥特王国。东哥特王国的首领是历史上赫赫有名的狄奥多里克大帝，幼年有在拜占庭帝国做质子的经历。古罗马的精妙政治和繁荣文化的耳濡目染使他对这一切心生仰慕。当他成为这片土地的主人，他决定萧规曹随，再立拉文纳为东哥特王国的首都。

作为新都的拉文纳开始了新一轮的建设，除了新的皇宫和陵寝，被狄奥多里克大帝称作“金色天堂”的圣亚坡理纳大教堂（Basilica of Sant Apollionar Nuovo）也拔地而起。

当你走进这座教堂时，目之所及都是华贵的金色，但这金光并不给人珠光宝气的庸俗之感，反而令人顿生肃穆，生发出对信仰之主的尊重和敬拜。阳光透过花窗洒入大殿，分裂出的无数芒刺混合在空气中迎面袭来，而这迷乱的金光正来自教堂墙壁上那数以万计的黄金马赛克。

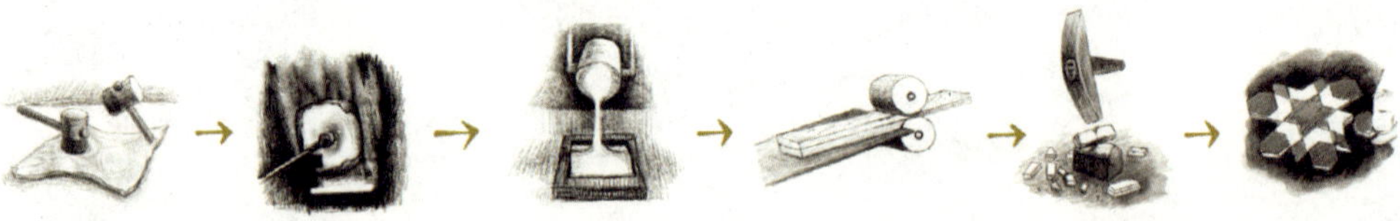

黄金马赛克的工艺极其特殊，制作时需将金箔夹于两片薄玻璃中。这种类似“三明治”的结构并非如想象中那么简单，因为玻璃和黄金这两种材料很难真正黏合，如果工艺处理失当，很容易造成黄金的剥离脱落。黏合工艺的关键在于金箔的厚度，只有薄如蝉翼才能与两层玻璃坚固贴合。为保证嵌片质量，古代工匠选择了延展性极好的24K黄金，在不停地锻打和压制后，仅20克黄金就能延展为1000片8厘米×8厘米的金箔。

这薄如纸片的金箔被放置到基底玻璃片上，再以千度高温烘烤，使金箔和玻璃完全贴合，最后将熔化成汁的玻璃水浇在上面，压实压薄，金箔才得以完美地包裹其中。金色马赛克嵌片既保留了黄金的光芒，又附加了玻璃的溢彩，然后借着能工巧匠之手，造就了满屋的灿烂。教堂

○ 圣亚坡理纳大教堂

是巴西利卡式的，大殿中央的两排立柱托起了两面卷轴似的马赛克壁画。这长卷式的构图在马赛克镶嵌艺术作品中独一无二，巨大的墙面全部由指甲盖大小的嵌片拼接而成，或许只有抱有至高无上的虔诚，才能为自己的信仰如此倾尽心血。

两幅镶嵌画以人物为主，一面墙壁上描绘的是 26 个殉道者手托桂冠献给耶稣，另一面墙壁上描绘的是东方三博士带领圣徒朝圣。传说玛利亚诞下耶稣时，在遥远的东方，三位贤士看到伯利恒天空升起一颗明星，在这颗星星的指引下，他们来到伯利恒朝拜刚刚诞生的耶稣。马赛克壁画徐徐演绎，加上周围点缀的圣像和《圣经》图解，竟足有近百位人物被纳入画中。仅靠不同颜色马赛克的明暗交接和深浅变化，所有人物的

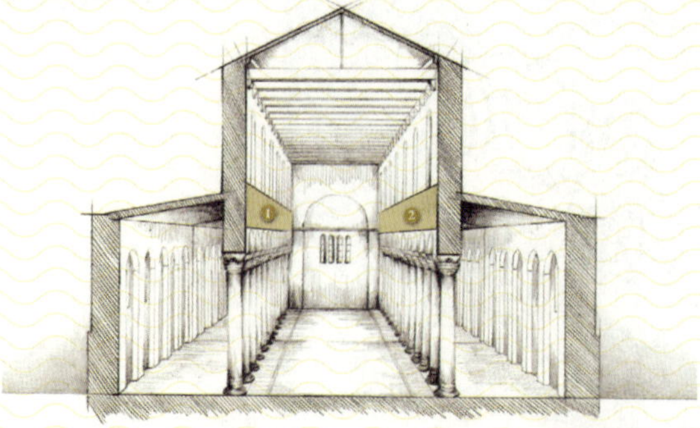

○ 圣亚坡理纳大教堂内金碧辉煌

五官相貌、衣饰装扮，还有周边的宫殿楼阁，便都活灵活现地示于众人。很难想象这座精妙绝伦的建筑竟建于 5 世纪末到 6 世纪初，教堂里马赛克壁画的辉煌与荣耀几乎就是当时狄奥多里克大帝麾下东哥特王国一时强盛的写照。然而，这张扬的金色过于耀眼夺目，终究无法长存。随着狄奥多里克大帝在 526 年逝世，东哥特王国由盛转衰，在伦巴第人和东罗马人的夹击中风雨飘摇。6 世纪中叶，东哥特王国灭亡，昔日的鼎盛，只能依托这金色的马赛克讲与后人听。

圣塔维教堂：
拜占庭首都时期的马赛克艺术巅峰

6 世纪中叶，亚平宁半岛被伦巴第王国和拜占庭帝国瓜分，拉文纳被纳入后者版图之中。拜占庭帝国的首都远在君士坦丁堡，也就是今日的伊斯坦布尔。遥远的距离让统治者深感鞭长莫及，于是查士丁尼一世决定继续以拉文纳为拜占庭帝国意大利王国的首都。那时的拜占庭帝国坐拥拉文纳和君士坦丁堡两座首都，一西一东，双星闪耀，而拉文纳也由此开启了它最后一段拜占庭时期的辉煌。

圣维塔教堂（Basilica of San Vitale）便是这一时期的杰作，它照本宣科般拷贝了同时期君士坦丁堡的时髦风尚，从头到脚都散发着浓浓的拜占庭气息，以凸显它与之前所有意大利教堂的不同，以至于 9 世纪的史学家 Andreas Agnellus 如此写道：“它大胆的结构与创新技术，其他意大利教堂都不能与之媲美。”

圣维塔教堂能成为拜占庭建筑艺术史上重要的代表作，除了它精妙的内外双层八角形建筑空间布局外，更值得赞赏的是它的半圆形后殿，以及后殿中那美到令人窒息的马赛克镶嵌画。绿色和金色是后殿的主色调，阳光化身催化剂，让两种颜色反射出奇妙的光晕，互相调和映衬，生出一种微妙的腔调，散发出神秘而魅惑的氛围。

常有人说马赛克镶嵌画就是无字《圣经》，是最华丽、最震撼、最奢侈的《圣经》图解。然而圣维塔教堂后殿的马赛克并不取材于《圣经》，这里描绘的查士丁尼一世皇帝和狄奥多拉皇后镶嵌画至今仍是马赛克历史中的神作。

后殿左侧墙上镶嵌的是查士丁尼一世皇帝，他头戴宝石皇冠，身披紫色“塔布里翁”（Tablion）矩形披巾，别着一枚镶嵌珍珠的红色胸针，

○ 圣维塔教堂

脚踩罗马皇帝独有的紫红色凉鞋。他神情凝重，手持巨大的黄金祭盘，由主教祭司和亲兵护卫，不怒自威。右侧墙上的马赛克壁画则是美丽的狄奥多拉皇后，她头戴珍珠皇冠，身上的塔布里翁镶着宝石，连鞋上也镶满珍珠，在祭司和侍女的陪伴下，雍容华贵，仪态万千。工匠为表现出珍珠的质感，特意弃用玻璃嵌片，转而收集贝壳内侧的珍珠母，并仔细打磨成圆形，以烘托其流光之美。

古罗马的皇帝不少，但能被称作大帝的也不算多，查士丁尼一世就是尊享大帝头衔的一员。在这位励精图治的皇帝的统治下，拜占庭帝国几乎逆袭成功，收复了古罗马分裂前的全部疆域，君士坦丁堡也成了当时西方世界最繁华的城市。查士丁尼一世大帝风光无限，其实也得益于他的妻子，也就是壁画上那位风情万种的狄奥多拉。传说这位美丽的女人是武则天式的人物，出身娼门却果敢坚毅，依靠智慧和勇气最终成为帝国的皇后，同自己的丈夫一起构筑了东罗马帝国最辉煌的时代。而有关这两位人物保存最完好、文献价值最高的肖像，正是圣维塔教堂里的这两幅马赛克壁画。画面中，皇帝和皇后一左一右，手持圣物，在仪仗陪同下进行着神圣的宗教仪式，当时恢宏的历史场景如在眼前。

如今看来，圣维塔教堂里马赛克拼嵌出的华丽场景和生动容貌，不仅拥有审美艺术价值，更承载了 1500 年前的时代风貌，是极其珍贵的史料。

○ 圣塔维教堂镶嵌画

日本庭园的色与寂

文○李昱臻
图○李昱臻、视觉中国

日本庭园的美既流动在丰富的色彩和造型中，
也蕴藏于一种洁净、稚拙的寂的意象之中。
我从濑户内海边向北到本州岛中部，
拜访了四座美丽的日本庭园，
并探寻了这些园中色与寂的意境。

○ 好古园内的双树庵茶室

栗林公园，香川县高松市

栗林公园位于高松市南部的紫云山脚下，我入园时已接近黄昏，正是两场雨的间歇，林密山静，日色昏昧，好像真有紫云笼罩一般，让人几乎忘记2公里外就是碧波万顷的濑户内海。走进园门后正对着大片草坪和松树，四周环以曲水和梅林。

与中国大部分私家园林从屋檐底下偷一片花圃和池塘相比，这里显得格外开阔。我想倒不是因为中国的用地比日本更紧张，而是中国文人造园多少带了些谦逊；另一个重要原因是，栗林公园是一处大名园林，顾名思义，大名园林就是各地大名（藩主）筑造的园林，面积广大，多为池泉回游式庭园（可供游赏、休憩的真山水园林），也有的在局部布置枯山水。1642 年，高松藩主、松平氏初代大名松平赖重入主高松，接管了栗林公园，自此延续了十一任藩主，栗林公园今日的面貌也于彼时大概形成。尽管名为“栗林”，实际上栗林公园的看点在于松树。据称，公园内共有 1400 余株松树，几百年来一直由匠人精心养护，其中有英国国王爱德华八世亲手种植的“手植松”，以及由一百多块石头和一株黑松共同组成的“鹤龟松”，后者姿态端庄优雅，号称园中最美者。大约是从小参观过的名胜总有一棵迎客松，觉得松树不奇不足以称美，但栗林公园里的松树却令我眼前一亮，它们被修剪成一团一团的，外观质感看起来像青苔一般毛茸茸的，全无张牙舞爪的诡异身姿，在阴雨之中越发显得清新洁净。园内的 60 景都拥有相当中国风的名字，比如“涵翠池”“凤尾坞”“芙蓉沼”等。紫云山为栗林公园做了天然的园墙。造园者沿着岩壁开凿几笔，便造出一片“西湖”。湖边的几间草庵式建筑，

从 JR 高松站乘坐巴士 20 分钟至“栗林公園前”站；门票 410 日元；www.my-kagawa.jp/ritsuringarden

○ 栗林公园南湖和偃月桥

是几百年前的大名茶室。从西湖一直往南便是掬月亭。它是园中景观的中心，横跨涵翠池和南湖，西望西湖和紫云山“赤壁”，东望南湖中的三座仙道以及远处的偃月桥，是历代藩主最为喜爱的“大茶屋”。名字出自唐人于良史所写“掬水月在手，弄花香满衣”。从掬月亭行至南湖边的“枫岸”小路，一路向东，就可以登上全园的制高点“飞来峰”。此时日光暗淡，西面的紫云山沉默伟岸，南湖湖面雨丝潺潺，笼着一团雾气，山上和岸上的绿树通通倒映在湖中，将湖水也染绿，只有湖上的偃月桥如一道飞虹，从满眼深深浅浅的绿中钻出来。

好古园，
兵库县姬路市

和高松隔着濑户内海南北相望的便是姬路。我在姬路时顺便拜访了和姬路城只有一墙之隔的好古园，虽名曰“好古”，其实是个“90 后”。1992 年为庆祝姬路实行市政 100 周年，在城堡脚下的屋敷旧址上建了此园，因园门所在地曾有一座“好古堂”而得名。园内依照江户时代的园林特色，建造了“茶之庭”“松之庭”“流水平庭”等 9 个主题子园。原屋敷间的小巷被保留下来，成为各庭园的甬道。

子园中最大的“御屋敷之庭”由原姬路藩主的别墅庭园旧址改造而来，是一座以水景为核心的池泉园。活水从庭园南侧的阶梯瀑布跌跌宕宕，穿过“渡廊下”注入池塘。据说水池象征着濑户内海，我拿出日本地图对比了一下，确实形状相似——水池两头阔中间窄，最窄处架起一座石桥将水流轻轻束住。在视线远端，池水被树丛和一道轻薄的水帘拦住，再向上看，雪白的姬路城从茂密的枝叶后露出一角。

中日园林选石的标准大相径庭。中国园林里的石头重“形”，尤以身材玲珑有致、瘦漏透皱的太湖石为上品；日本园林重“意”，追求其所寄托的精神境界。比起中式园林的“有水园林活”，日本园林只要有石头就可以成立了，比如枯山水园林。因此好古园中的石头全然没有灵秀飘逸的感觉。盘踞在驳岸和池水中的石组，也大都体态稳重、造型稚拙。

除了“御屋敷之庭”，其他几座庭园也各有特色：“夏木之庭”中可以眺望姬路城天守阁，是名副其实的“鹭望亭”；“松之庭”中除了赤松，还栽有姬路的市花鹭草，这种花盛开之时就如同漫画版的白鹭一般，十分疗愈。

○ 御屋敷之庭内景观

“茶之庭”中有个“双树庵”茶室，建筑古朴雅致，又融入了现代元素。身着和服的中年女子将我引入茶室，十叠（一叠约 1.8 平方米）左右的榻榻米房间已经坐了四五名台湾游客，对着一面落地窗和窗外的草坪饮茶。我在另一个角落坐下。不知是否看我们是外国人，服务人员给我们提供了矮凳，免去跪坐之苦。

端上的是经典的一份抹茶和一份果子。我总是嫌和果子太甜，但和抹茶搭配起来，反倒成就了彼此恰到好处的味道。

“茶之庭”按照典型茶庭的模式，布置了飞石、蹲踞、灯笼、竹篱等。

从 JR 姬路站步行 15 分钟；门票 310 日元（姬路城联票 1040 日元）；www.himeji-machishin.jp/ryokka/kokoen

这里讲的茶庭，又叫露地，是日本园林独有且十分重要的形式，专指从园门走到茶室所经过的庭园，为的是让饮茶之人在进入茶室之前就开始整理心情。依照日本“茶圣”千利休（1522 ~ 1591 年）的“草庵茶”理论，茶室只需两叠榻榻米大小即可，且露地应建在茶室侧面，以便饮茶者专注于茶事。千利休曾先后任织田信长和丰臣秀吉的茶头，他所代表的草庵茶一派的思想又被称为“侘茶”，后来成为日本茶道的主流。

千利休同时还是日本美学史上的重要人物。正是他使得日本本土制造的粗糙茶具得以登堂入室，和来自中国精美的唐物、宋物受到同等重视。我不禁想，这也许就是日本美学和中国美学分道扬镳之处。自此，日本的审美告别了盛大、壮丽、永恒、繁复，而默然走向稚拙、残缺、短暂、简朴，逐渐演变成不可言说的日本美学范式——侘寂（wabi-sabi）。

南禅寺，
京都府京都市

直观感受上，“侘寂”中包含的洁净、质朴和枯淡的意味很容易让人联想到日本禅宗庭园。禅宗庭园既有栗林公园和好古园那样的池泉，但更为人所知的还是最具日本特色的枯山水。日本鼎鼎有名的禅宗园林有一大半聚集于京都。而比起游人如织的金阁寺、天龙寺，南禅寺的方丈庭园是个观赏枯山水的好去处。

所谓“方丈”，是指禅宗寺院中举办佛事、接待客人的主殿。室町时代（1336 ~ 1573 年），人们开始在方丈南侧的庭园铺上白砂，以营造纯净的氛围——这便是枯山水最为人熟知的形式。

梦窗疏石（1275 ~ 1351 年）被称为枯山水的创立者，但他首先是一位佛法精深的高僧，然后才是一位造园大师。他曾言：“对山水，常觉醒，利修行。”可见他认为枯山水是用以辅助修行的。枯山水其实只有两样根本的元素：一为前面提到的白砂，二为石。通过此二者的极简布置，营造出与坐禅相适应的环境，同时表达禅宗的自然观和哲学思想。

白砂用来表现水。造园者用笤帚在白砂上扫出各种线形——不能简单地认为旋涡就是涟漪，平行曲线就是海浪，毕竟枯山水是对自然的抽象表达，归根结底是一种象征。至于山石，则常用来表达山峰或岛屿，尤其是佛教中的须弥山和道教文化中的蓬莱仙岛，另外象征长寿的龟鹤石组也是最常见的搭配。有的庭园也会使用苔藓和白砂形成鲜明对比，

○ 京都南禅寺

从 JR 京都站乘坐巴士到“南禅寺 · 永観堂”，下车后步行 10 分钟；门票 500 日元；www.nanzen.net

用以表达陆地、古老或者生命。

南禅寺本坊的方丈庭园就同时采用了苔藓和白砂两种质地。苔藓沿着院墙分布，位于庭园深处，上面布置山石和植物，组成完整的空间；剩余的地面铺满了白砂，一直蔓延至方丈大殿。苔藓和白砂显然分别寓意陆地和水体，这个庭园作品由此又叫作“虎子渡”，讲述母虎带着三只幼崽渡河抵达人间净土的故事。

不少参观者会尝试将园内的六块山石与老虎一家四口对号入座。我虽然也有这样的疑惑，但将注意力完全放在了另一个难题上：一只母老虎带着它的三只幼崽渡河，但她每次只能衔一只崽，而且据说有一只崽十分凶恶，会在母亲不在的时候咬死他的兄弟们，那么母虎该如何带领三只崽安然渡河呢?

方丈大殿西侧还有一个小方丈庭园，是一座20世纪建造的现代枯山水庭园。狭长的庭园内铺满了白砂，将几块山石按照中文的“心”字形摆放，表达一种从心、超脱的境界，因此得名“如心庭”。

我一直觉得，无论是侘寂还是禅学，日本审美的底层逻辑都是对人不可言说，对己总能自圆其说。造园者跨越时空向参观者传达禅意，引导人们发现表面之下看不见的美，而要参透这份禅意，可能需要的正是一个故事或者几分想象。

○ 日本传统庭院中的装饰水琴窟

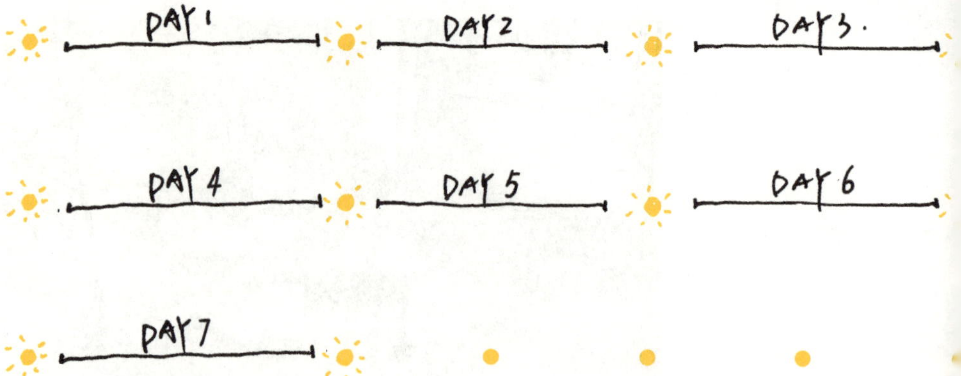

躺在长又长的沙滩上，幻想八流电影里的拍退

找一找我七彩的泳衣，要搭上往南的第一班飞机

他从没有抬过头，仿佛有一堵看不见的墙，将他与众人隔开。那堵气墙上写着『我不属于这里』

在这个国度，灰心丧气地喊一声“Bula”简直是不可能发生的

太适合拍鬼片了！

没关系的嘛，你们不吃，也是鸡吃的嘛！

在海南泡温泉其实一点也不突兀

泡7天

里面

半夜跑马，不怕中暑

因为『百荒银』都白白的，我们当地人就都黑黑的嘛

太阳眨巴了一下眼睛，从海平面上跃了出来

飘在天空中的岛屿——关岛

文○张海律
图○许达

○ 关岛

太平洋西边的关岛
正在以"爱在关岛"作为标语宣传自己，
而来自全球各地的运动爱好者，
已不满足于躺在舒服的沙滩上发呆，
纷纷活跃起来，
跋涉丛林、潜下深海、飞上蓝天、拔脚怒射，
以及跑一场从黑夜到白天、
从公路到海滩的盛大马拉松。

"因为做了那样一个梦，醒来不好去对人说，躺在发了霉的烂被窝，努力要将美梦延续。梦里到了一个 Bi Gi Ni，飘在天空中的岛屿，像我这样一个王老六，总是夜夜被梦来折磨。"这是我 20 年前听到的一首中国台湾歌曲《Summer》，关于一场梦想中的太平洋海岛度假，欢快而任性。我隐约觉得歌中那个"飘在天空中的岛屿"，应该就是位于马里亚纳群岛最南端的关岛。

机会终于来了，不过替代歌词意象中各种慵懒沙滩"躺尸"的，将是马不停蹄的户外运动。将各种运动摄像设备倒入拖箱，"找一找我七彩的泳衣，要搭上往南的第一班飞机"。

徒步涉水入山洞

从浅蓝潟湖到深蓝大海过渡的长条色带，像一副能过滤强光的墨镜，架在关岛西岸中部杜梦湾这双“漂亮眼睛”上。驶抵Pit湾时，一座长长的浮桥，如镜框边缘般伸向深海处的飞碟形观景台。身形娇小、语调温柔的向导小倩介绍说：“这是岛上被各节目剧组取景最多的鱼眼公园，梁静茹那首《大手拉小手》的MV就是在这里拍摄的。”我记忆中的歌曲画面，也重新浮现眼前。对，就是在这个鱼眼公园，努力将肥肉往丹田里吸的中年大叔们，正在和比基尼美女们一道，接连成一列开往太平洋的人肉火车。

十多年前，小倩就跟着家里移民到距美国本土最远的海外属地，成为关岛2600名华人中的一员。半小时后，她把车开到岛屿东岸，将我们转交给岛上与华裔人口数相当的另一族群中的一员——来自日本的丛林徒步向导安倍。

这位与日本首相同名的大叔，有着日本人典型的一丝不苟的作风，要求我们务必涂上防晒霜、戴上手套、装上提前准备好的饮用水和干粮，然后向丛林深处前行，开始一趟可以想见的、用日式英语讲解的自然博物课。我对植物词汇完全陌生，即便翻译成中文都不知道几个，幸得同行小伙伴们见多识广，能迅速从其他热带岛屿的旅行记忆中提炼出对应的知识。也幸得相较同纬度东南亚的一些丛林地带，关岛的湿度并不大，即便在丛林中摸着各种苔藓、踩着泥土上上下下两三公里，也不至于被排不走的汗水淹没到筋疲力竭。

往海岸的方向，走到一个叫作Pagat的洞口歇息时，安倍从包里掏出几张黑白历史照，那是他的同胞“昭和最后的老兵”横井庄一的军旅肖像。

1944年8月8日，侵占关岛的日军虽负隅顽抗，但终逃不过溃败命运。横井庄一同9名战友逃进山林，不久其中7人受不了艰苦条件而出外投降，剩下横井庄一等3人，在日本“二战”受降后都誓死不降。面积达549平方公里的关岛，毕竟是马里亚纳群岛中的最大岛屿，只要收回失地的美军没有相应的情报名单，长时间躲藏的可能性也还是存在的。1964年，另外两名士兵被洪水淹死，横井庄一坚持以鼠蛇果腹、树皮为衣，过着完全隔绝于社会的野人生活，虽然早已捡到日本投降的传单，但内心一直把它们当作是美军欺骗性质的宣传品。直至1972年2月2日，他在岛屿南部的一处瀑布附近被两名菲律宾猎人擒获，“带着无比的耻辱感”

回到了日本。1997 年横井去世，在那之前几年，他也总算从天皇的军国主义分子转变为反战人士，还曾对 1991 年日本派遣自卫队赴海湾地区执行扫雷任务表示反对，“战争总是使身份最低下的人付出巨大的牺牲”。然而，他的家乡名古屋算得上是日本右翼的大本营，2005 年横井故居被还原成他曾在关岛藏身的洞穴模样，以某种为军国主义招魂的姿态，房子成为“昭和最后老兵”的纪念馆。

安倍带我们探秘的 Pagat 山洞，并非横井藏匿过的地方。“你们拴牢防水手电，穿着鞋举着贵重物品，跟我涉水进去。”他说。没有泳衣和备用鞋子的我们权当他在夸大难度，竟忘了一丝不苟的日本人是不开玩笑的。“那么把鞋子、相机放在洞口某块石头上吧，反正谁都没带现金、信用卡和护照。”我们建议道。“绝不行，会有顺手牵羊的人！”这荒郊野岭的，我们不相信能有盗窃财物的人和猴子，但日本向导依然是不开玩笑也不妥协。

于是，我们只好放弃对徒步鞋的顾虑，踩着水深一脚浅一脚、小心翼翼地翻过一堆大石头进到洞穴宽阔之处。接着手电筒照出一条湛蓝的隐秘地下河，我们进一步放弃对全身鞋衣的怜惜，摸着石头走了约 15 米，一个水深可达 2 米的天然泳池赫然眼前。水性不错又向来大胆的我一个猛子扑腾了进去，直把这处山洞当作《魔戒》里矮人族埋藏珍宝的地方。小伙伴们嬉戏了好一阵子，有人开始爬到一边石头上，架起三脚架、大灯，开始拍摄在蓝色秘境中流淌的“肥肉”。不出安倍所料，有人跟着涉水进入了山洞。对方身板宽厚，一口地道的美式英语口音，必然是本岛居民。这个洞穴湖泊，对第一次钻进来的他们而言也一样惊艳。

○ 探索丛林洞穴

下潜探秘水底舰

关岛时间 1917 年 4 月 7 日早晨 8:03，德国军舰 SMS 科莫朗 Ⅱ 号（SMS Cormoran Ⅱ）在阿普拉港自爆沉没。这是一个代表了整个旧殖民时代斗争史，并伴随着敌对军人间相互敬重的古典派故事。

这艘大型客货两用商船科莫朗 Ⅱ 号原名“梁赞”号（得名于俄罗斯城市），建造于德国 Elbing 造船厂，于 1909 年被交付给俄国。“一战”期间德俄为敌，“梁赞”号被德军捕获，带往其在中国青岛的殖民地。改装后的战舰更名为科莫朗 Ⅱ 号，于 1914 年 8 月离港，前往南太平洋马绍尔群岛。途中遇到对德宣战的日本海军的追逐，燃料几乎耗尽后，在

帕劳海域的 Lomotrek 环礁又躲避了两个半月，才艰难挪到当时已经成为美国海外属地的关岛阿普拉港。德美两国当时虽并未交战，但关系比较紧张，关岛总督 Maxwell 以不允许两三百名德国船员离舰的方式，将他们在港内软禁了近两年。继任总督 William 则奉德国人为贵客，让他们自由上岸活动，甚至为小岛人口留下了部分“德国血统”。

1917 年 4 月 6 日，美国在“一战”胜负形势已然明了的情况下对德宣战。海军长官 Roy Smith 命令德国人投降，并封锁了出港水道。4 月 7 日早晨 8 点前，负责给科莫朗号补给的小艇在日常往返中，被一名美军士兵鸣枪警告，这一枪也被定义为美国在“一战”中打响的第一枪。德国船长 Zuckschwerdt 同意全体人员无条件投降，但拒绝交出战舰。在

○ 沉船纪念仪式上的小孩

船舱内爆炸物都早被清空的情况下，全体船员准备用煤灰、油鼓和汽油自毁战舰。8 点 03 分，科莫朗Ⅱ号爆炸沉没，7 名水手没来得及撤下而与母舰共覆没。敬重于船长选择的美国人，打捞到 6 具德军遗体，厚葬于海军公墓，同时捞上来的船头金钟，一度被收藏于马里兰州的海军博物馆，却在几年后被偷走。

2017 年 4 月 7 日早晨 8 点，一艘搭载着关岛总督 Eddie、参议院 Dennis、海军少将 Shoshana 以及德国驻美大使 Peter Wittig 的小船，驶至科莫朗Ⅱ号沉没的海面，在其他搭载着贵宾和媒体的小艇见证下，举行了原住民查莫罗人传统的百周年悼念仪式。潜水员也深入水底，给这艘名舰献上纪念品。

巧合的是，1943 年太平洋战争期间，一艘美国潜艇在相同海域击沉了日本船只“东海丸”号（Tokai Maru），“一战”和“二战”的两艘沉船，就这么在 36 米深的水下紧紧挨着，在揭示战争残酷的同时，也为后人留下了独一无二的探秘潜点。

科莫朗Ⅱ号所处的深度，需要 AOW（开放水域高级证）才能潜入，而我和同行小伙伴所持的都只是 OW（开放水域初阶潜水证），只得退而求其次，选择了 66 米长的 American Tank 补给舰。“二战”结束后，这艘船起初要被分拆去巩固防波堤，后来干脆沉海放弃。

小艇将我们送至靠近防波堤尽头的海面，来自台湾的潜导事先就帮我们调好气瓶、气压表，穿戴好 BC 浮控衣、呼吸器和铅块。这种无微不至的潜水服务，简直像是妈妈准备好的早餐，把潜水这项并不需要太多身体技能的“运动”，彻底变成舒服简单的“观光”。只不过再怎么被人照顾，下潜过程中的耳压平衡始终让我有些难以应付，不断揉捏着鼻子和压住面镜排水，总算在邂逅 American Tank 前，让疼痛感缓解，适应了水压。

惊喜的是，这艘斜躺于水下 18 ~ 20 米深处的舰艇，比照片中的科莫朗Ⅱ号要更加清晰、通透且完整。后舱处更有一个门面宽阔的船长室，可供我们这种 OW 级别的潜水员随着彩色的热带鱼钻入钻出，而不必担心会有气瓶被卡住的危险。其实很多时候，五颜六色的珊瑚礁和热带鱼都生活于浅海，浮潜甚至把头从岸边闷下去看到的景象，都会比水肺潜水看到的更漂亮。但深潜的美好在于，除了可能邂逅一些特别的大型哺乳动物外，还能感受到最寂静、最迷离的海洋。

马拉松奔向大海

旅游是关岛的支柱产业。这些年蜂拥而至的日本人、韩国人、中国人、俄罗斯人，早已不像《Summer》中唱着的那样，“躺在长又长的沙滩上，幻想八流电影里的艳遇”。这并非奢华享受型的岛屿，房价还没有昂贵到让人舍不得离开酒店半步，人们需要扎入大海、探入丛林、潜入水底、飞上蓝天。休闲运动之外，也有越来越多的人前来参加各项挑战身体极限的赛事——摩托车拉力赛、自行车环岛，以及各色或趣味或正式的长跑马拉松。

这其中最为重要的，是 4 月 9 日凌晨 3 点发枪的关岛马拉松。与大多数热带地区的马拉松赛事一样，为免选手在白天似火的骄阳下中暑，趁着夜黑风高，抓紧跑完至少大部分路段，绝对是一个明智选择。于是乎，报名了全马（42.195 公里）、半马（21 公里）、10 公里和 5 公里的选手们，分别在凌晨 3 点、4 点、5 点和 6 点，相继从太平洋岛屿俱乐部（PIC）前的封闭主路出发。

2017 年的第五届关岛马拉松，报名选手共有来自 22 个国家和地区的 4335 人，比 2016 年增加的 427 人中，就包括了我——一个平时每个月装模作样跑上个 2 公里的新手。可想而知，自觉的理性和体力，将我推向最轻松的 5 公里。

这是我人生中第一场马拉松，疯玩了几天，徒步、潜水和游泳，就当是给自己做热身运动吧。

现场气氛热烈极了，穿着迷你裙、背着翅膀的“小蜜蜂”们，像是从全岛夜店倾巢而出；从不跳广场舞的壮硕大妈们，可能是从美军基地来的，自己端把小椅子坐在人行道上，举着“跑下去、别放弃”的标语牌。查莫罗人在出发线前表演着喷火技能，将 PIC 楼面广告中奔跑的形象大使、本地名模 Carmela 映照得通红靓丽。碎拍的电子音乐从路面一侧传来，越来越大声，舒服的晨雨突如其来，最后一遍洗刷着出发点前的公路跑道，美女 DJ 播放着化学兄弟的名曲：“Hey girls, b Boys, super star DJS, here we go！”碎纸屑被鼓风机扬得到处都是，我与其他 1386 名 5 公里马拉松的参赛者一起迈开步伐，冲进破晓时分的彩色纸片和电音碎拍当中。

偏偏开始就是一段有上坡起伏的路，音乐和纸片渐远后，进入耳朵的只剩一众参赛者的脚步声和越来越清晰的喘息声。拐弯向北，迎面而来的竟是更大的坡度，一些开始时还七嘴八舌的跑友，瞥见路旁 1 公里的指示牌，立即自觉闭嘴，甚至开始气喘吁吁。跑到 2 公里处，有了第一处水站，一大群人干脆停下来喝完后开始走路，反正有着一个半小时的关门时间，爬都能爬回终点吧？我最终在第 35 分钟完赛，喝水、领毛巾、纪念牌和沙滩垫，疲惫微消才向工作人员赞美：“你们这么年轻的赛事，竟能考虑得这么周到。”之后查了下名次，313 名，勉强可以吧。

同行的姑娘雨茶，本职工作就是经营马拉松赛事产品线路，自己也跑马成瘾，满世界参赛。旅途中她的电话不断，随时为情况分分钟都可能变化的平壤马拉松操心，还得与北京那边沟通协调。而脚下的关岛，她用了 5 个多小时，从黑夜跑到了白天，从公路跑回了海边，见多识广的雨茶认为："关马应该可以被列为'土豪'马拉松——每公里有 1 个水站，10 公里和 21 公里处都有能量胶补给，工作人员和志愿者充足而热情，最夸张的是，在没路灯的个别路段，也弄来了可能来自军事基地的柴油灯照明。从组织到周边产品，都足以秒杀其他热带地区的马拉松赛事。"

过了不到半小时，我已经缓过劲来了，脱去跑鞋，奔向海面上一架方形的气垫船，惬意地躺在比按摩浴缸要舒服得多的海水里。太阳眨巴了一下眼睛，从海平面上跃了出来。

○ 为马拉松参赛者加油的小蜜蜂

跳岛长滩——迷失热带天堂

文◦刘子超
图◦刘子超、视觉中国

当整个菲律宾都沉睡在无边无际的“现实”中，
唯独长滩岛这座人工雕琢的热带乐园，
好像海上的灯塔，
永远不会熄灭
——这里拥有全菲律宾
最好的餐厅、最活色生香的夜店、最国际化的
酒吧。

◦ 长滩岛的水上游项目

跳岛：少有人选的路

在廉价航空迅猛发展的今天，飞机已经承担了大部分旅行的交通任务。除了喜欢自讨苦吃的旅行者，很少有人愿意换乘四五种交通工具，去一个像长滩岛这样国际化的地方。这或许就解释了，为什么从加莱拉港到长滩岛的难度，远远超出我的预期。长滩岛是菲律宾的第一大旅行目的地，但绝大部分游客都是坐飞机去的（合乎情理），像我这样“跳岛”前往的称得上“古怪”。

从加莱拉港到罗哈斯港的路上，我没看见一个外国游客，连穿着得体的菲律宾中产阶级都十分罕见。那天一早，我被塞进一辆核定载客人数 10 人，但坐了 19 人的小面包车，一路向南。宁静的大海和无人的沙

滩不时从窗外闪过，山上是大片大片的椰林。

车上的人形形色色——有晒得很黑的渔民，有扛着大包的农夫，有只剩一颗门牙的老伯，也有用喊叫的方式打电话的大婶。这些人之中，穿着像样衣服的只有一个（很遗憾，不是我）。他挤在我和一位渔民中间，是个公干的银行职员。

一车人里，只有他喷了淡淡的古龙水，其他人（包括我）都是一身汗臭或者鱼腥味。他穿着一件浆洗得簇新的制服衬衫、熨烫过的裤子、干净的黑皮鞋，戴着机械手表。他一边刷新 Facebook 动态，一边和朋友在 Whats App 上聊天。一路上，他从没有抬过头，仿佛有一堵看不见的墙，将他与众人隔开。那堵气墙上写着“我不属于这里”。他在卡拉潘下了车，招手叫了一辆摩的，消失在熙熙攘攘的街头，只有通风不佳的车厢里，依然残留着他的香水味。

罗哈斯港的 10 小时

中午之前，我就到了罗哈斯港。这是一个安静得近乎神奇的小镇。一条灰扑扑的柏油路通向码头，有些地方正在施工。路两侧有渡轮公司的办公室和没什么生意的餐厅。

我的感觉有点不好。

我走到渡轮公司的办公室，两只流浪狗正趴在阴凉处午睡。售票窗口紧闭，上面挂着“已售完”的纸板。

我的感觉更不好了。

不过，我发现屋里其实有个人趴在办公桌上打盹。我敲了敲窗户，他睁开惺忪的睡眼，把窗玻璃拉开。我问有没有去长滩岛的船票，他一脸迷茫，好像还没从睡梦中缓过神。于是我又问有没有去卡蒂克兰（Caticlan，位于班乃岛最北端，与几公里外的长滩岛隔海相望）的船票。

“晚上，10 点，”他微笑着，“6 点开售。”

这意味着我还要在这个无聊的小镇度过 10 个小时，到达卡蒂克兰的时间将是凌晨 2 点。

午后的小镇酷热难耐，一切仿佛都睡着了。除了几家餐厅、一间破败的台球房，也没什么可去的地方。乐观的一面是，这地方没人拉客，毕竟这里什么都没有。不幸滞留在此的都是等待渡轮的旅客，而那天，这样的倒霉蛋并不多。更确切地说，好像仅我一个。也有货车整齐地停在码头上，但是司机全都不见踪影，想必他们有自己找乐子的去处。我找了一家餐厅坐下，看到街对面的旅馆门口挂着“空调、热水、钟点房”的招牌。老板是一个粗声粗气的中年妇女，喉结很大，骨骼清奇，五官带有明显的男性特征。我认为她应该是一个异装癖或者变性人——两者在菲律宾都很常见。不过房间价格公道，而我又没有更好的去处。就这样等到太阳落山。再出来时，街上已经点起路灯，人明显多了，还出现了几个外国背包客游魂般的身影。罗哈斯是个一无所有的地方，而长滩岛就在海峡对面。这些酒店存在的基础，就是海上阴晴难测的天气和时常故障晚点的渡轮。

但是，这一次，晚上 10 点的渡轮如期而至。巨大的钢铁家伙，几十辆大卡车装进去也不在话下。海上一片漆黑，一路上都能听到涡轮搅动海水的巨响。

4 个小时后，我看到远方出现了一条狭长的、五颜六色的光带——那是长滩岛西岸的灯火。已经将近 2 点了，岛上还是一片繁华，国际化的夜生活才刚刚开始——海鲜烧烤的白烟冉冉升起，迪厅舞曲的节奏震颤着夜空，啤酒和鸡尾酒正被无数扭动腰肢的男女喝下，以便为之后的活动提供动能。

在经历了罗哈斯的萧条后，这一切多少显得有些不真实。长滩岛仅是一个 7 公里长、腹地只有 1 公里宽的小岛，可它吸纳了所有的资源：这里拥有全菲律宾最好的餐厅、最活色生香的夜店、最国际化的酒吧。

站在黑暗的大海上眺望长滩岛，我深切感受到了某种隐喻——整个菲律宾都沉睡在无边无际的“现实”中，唯独这座人工雕琢的热带乐园好像海上的灯塔，永远不会熄灭。

长滩岛：人造乐园的运行逻辑

我顺利抵达了海边度假村——感谢长滩岛的螃蟹船和摩托车都通宵营业。这是来到菲律宾后，我第一次体会到旅游城市的便捷。这样的地方自有其自己的运行法则：只要你肯花钱，就会受到礼遇；你花多少钱，就得到多少服务。

长滩岛的一切都明码标价，通过价格区分档次。虽然这就是当今世界的运行逻辑，并不稀奇，但长滩岛是一个袖珍小岛，一切都高度集中，这种逻辑的体现就格外露骨，不免让人瞠目结舌。

花几十块钱，你可以住在岛上不靠海的普通民房里；多花一百块钱，可以住进不靠海但是稍有设计感的度假屋；再加两百块，可以住到海边的小旅馆；与小旅馆享有同样风景，仅几步之遥的中等规模的度假村则要再加两百块；中等规模的度假村旁边是一座大型度假村，有自己的餐厅和SPA，房间也更宽敞，价格则至少需要再加一百元；如果把大型度假村的价格加倍，就可以拥有一片私人沙滩和面朝大海的小型别墅；终极梦幻则是，不仅拥有一片私人沙滩，还能独占一座山头，价格自然也相应翻倍。所谓成熟的旅行目的地，大抵如此。

此外，成熟的旅行目的地还有另外一大利器：将几个原本没什么吸引力的项目打包出售。长滩岛的旅行社经营多种打包项目，从潜水、卡丁车，到跳伞、风筝冲浪，但最流行的无疑是“浮潜＋跳岛”的套餐。

我参加了这样一个当日往返的“浮潜＋跳岛”旅行团，同行的有6个韩国人、2个中国台湾人、2个澳大利亚人、2个俄罗斯人和1个巴西人。螃蟹船将我们载到长滩岛的近海，然后停在海面上，我们戴上潜水镜和呼吸管，“扑通扑通”跳进海里。水下有大片珊瑚和在珊瑚间觅食的鱼群。鱼群五颜六色，游动的身姿如同舞者。不过相比斯里兰卡和泰国南部，这里珊瑚和鱼群的漂亮程度都不算太高。

○ 长滩岛泛舟

半小时后，我们回到船上，去往下一个景点“水晶岛”（Cristal Island）。这是一座漂浮在水面上的小山，有一些人造景点，但如果不是囊括进套餐里，很少有人愿意为它单独付款。水晶岛看上去很像一个本想开发成度假村但不幸失败的转型之作。岛上有很多修建完好但弃之不用的茅草屋，以及一间废弃的餐厅，似乎佐证了我的推测。

人造景点包括贝壳博物馆、照片展览和历史展览。贝壳博物馆敷衍了事地陈列了一些贝壳和海螺壳，种类少得惊人。稍有趣味的是历史展览。除了介绍菲律宾国旗的含义（这个不太有趣），还讲述了一个班乃岛山地部落的传统。长滩岛的最早定居者是低地土著“阿提人”（Ati），与之相对的是住在山上的部落，称为“苏洛德人”（Sulod）。“苏洛德”的字面意思是“内陆”或“封闭之地”。

苏洛德部落有一个世代相传的女巫家族，家族中的某一位女孩，自降生之日起，就成为部落的“公主”。这位公主从小锦衣玉食，但是除了核心家庭成员和仆人外，一辈子都不能接触外人。长到 18 岁时，她会以竞价的方式，与部落中出价最高的男人结婚。婚礼仪式结束前，即便是这位竞价成功的丈夫，也不允许看到公主的真容。

公主一生不用劳作，唯一的使命是掌握对部落来说至关重要的史诗——以舞蹈和歌唱的形式表现。史诗的表演长度在 24 ~ 33 小时。也就是说，在没有文字的时代，这位公主就是苏洛德部落活着的“圣经创世纪”，她的记忆就是部落赖以存在的证据。

但是这一传统如今濒临灭绝。因为女巫家族的年轻一代拒绝再过这样的生活。女权主义者认为，苏洛德部落的女性有权利选择自己的人生，而人类学家则担心古老的传统将因此丧失。

背包客幻想中的热带乐园

从水晶岛离开后，第三个景点就是位于长滩岛西北角的普卡海滩（Puka Beach）。和白沙滩一样，这里有细腻的沙子。不同的是，除了一些贩卖饮料的茅草屋，这里几乎没有太多旅游开发的痕迹。海滩后面是一座长满热带植物的小山，椰子树在海风中摆动。

“普卡海滩还没怎么开发，不过讽刺的是，这才是这里看上去特别棒的原因。”菲律宾向导罗德里格对我说。

罗德里格刚从马尼拉的一所大学毕业，在长滩岛的一家旅行社工作。

他的担忧是，长滩岛的资源被越来越多地开发，最终导致这里丧失了吸引游客最根本的力量——自然之美。

“开发是不可逆的，”他说，“你开发了这片山坡，发现效果不好，可你没法说‘哦，那算了，我想再回到原来的状态’，那是不可能的。”

罗德里格的担忧并非无中生有。乘船离开普卡海滩的路上，我发现香格里拉酒店已经占据了昔日岛上相对遥远的西北角，而离香格里拉不远，那片原本未经开发的山林，如今也在修建一家大型度假村。

我很难想象，仅仅三四十年前，长滩岛还没有电力供应，当时只有少量的阿提人定居在岛上，靠捕鱼、种植木薯和采摘椰子为生。是德国背包客在 1970 年率先发现了这里。旅行作家詹斯·彼得（Jens Peter）出版了关于长滩岛的第一本旅行读物，称这里是“亚洲最美丽的岛屿”。他还将在长滩岛的照片印成了明信片，四处散发。到了 1980 年，长滩岛成了少数欧洲背包客的秘密天堂，其情景让人联想到莱昂纳多·迪卡普里奥的电影《迷幻海滩》。旅游开发随之而来，旅馆、餐厅和酒吧纷纷建起，它们的老板就是当年第一批来到长滩岛的背包客。如今，这帮已经中年发福的德国人、瑞士人、比利时人，依旧坐在自家旅馆的茅草屋檐下，不时和住在店里的客人感叹一番。

2000 年以后，随着大批亚洲游客的涌入，长滩岛终于不再是昔日小众群体中口耳相传的隐逸之地，而逐渐成为国际化的旅游目的地。不过，快速增长的声望也给长滩岛带来了负担。比如，排水系统跟不上发展速度，一部分污水只能排入附近海域，从而导致绿藻的过度繁殖。如今，白沙滩一侧依旧美丽，但只要走到长滩岛东岸的布拉博格海滩（Bulabog Beach），你就能看到大片被海水冲刷着的绿藻。风筝冲浪者们只能在绿藻外围的海域乘风破浪。

在长滩岛的最后两天，我常在日落时分步行到布拉博格海滩的冲浪者酒吧。远处的海面上，皮肤黝黑的沙滩男孩“嗖嗖”地飞驰而过，突然身子侧倾，潇洒地掉转方向。穿着紧身泳装的姑娘，像站在半个贝壳上的维纳斯，追逐着落日余晖。还有尚在练习阶段的冲浪者，经常把握不好风向，于是风筝就会像失事的战机一般轰然坠海，发出一声巨响。

酒吧里放着雷鬼音乐，老板自称是当年留下的背包客。他有些自嘲地说，如今只有这片不太容易吸引游客的海滩，还多少保留着一点当年的样子了。他指的是：没有灯红酒绿的喧嚣，只有自得其乐的背包客，幻想着自己找到了一片热带天堂。

○ 傍晚的烟台

文○喻添旧
图○喻添旧

烟台这个地方，
从来就是个军事重地和纷扰之处，
然而身处“江湖要塞”的烟台人
却在这里把生活过得有滋有味，
带着镜头在这个仙境海岸度过一整天，
每个时刻都独一无二。

9:00
枕海而眠，苏醒于岸

在烟台“最美100公里海岸线”东端的养马岛上睡到自然醒确实是个不错的选择。岛上的民宿海岛日记的11间海景客房虽然一房难求，却能让你真正实现“枕海而眠”。醒来后，你可以选择在民宿面向海湾的大露台发呆，也可以去欣赏一番能看清水底五彩卵石的海景。

10:00
回味半日，走过昨天那条路

传教士韦廉臣之妻伊莎贝拉（Isabelle Williamson）曾于 19 世纪 80 年代住在烟台，那时候的朝阳街已经洋行商号工厂云集，是一条外国人聚集的繁华商业娱乐街。如今她的家成了广仁路开埠文化旅游区以及广仁路艺术区，灰黄色的老建筑和石板道尽管被修缮一新，但仍抹不去旧日风霜，墙壁上依稀可见的“CHEFOO”涂字印证着时代的脉络。

广仁路艺术街区背靠海岸线上的烟台美术博物馆和烟台画院，一系列历史场馆和博物馆，再加上殖民风格的老建筑，文化和文艺基因十足。不过它可没有“倚老卖老”故步自封，很难说美术博物馆中让人停留时间最长的空间不是带有观海咖啡馆的理想书店，也很难说广仁路街区中心的以圆、方、三角模块化预制构件堆砌起来的众空间不是最耀眼的明星。

12:00
靠海吃海

拥有 1038 公里海岸线的烟台，海鲜是食之标签。在烟台，很多本土的优秀酒店服务品牌都以鲁菜和海鲜起家，靠的就是新鲜。丽景 9 号位于渔人码头，是一间拥有海湾景观和海风的高级餐厅，在露台喝下午茶甚是惬意。餐厅提供的海鲜丰富、量足、可口，真可谓“鸡鸭鱼肉皆上品，虾鲍贝螺可人心”。

14:00
博物馆里说城市故事

在烟台文化和历史最集中的芝罘区——尤其是从烟台山到所城里一带老社区，集中着众多的博物馆、艺术馆和图书馆。巷子深处的古朴院落里，坐落着这家被称为“最美图书馆”的社区空间，这里所有的图书都不售卖也不外借，可以在馆中免费阅读。图书馆还会经常举办一些国际化的小而精致的艺术展，慕名而来的人们总能将小小的院落和房间填满。

从所城里社区图书馆走几百米就是烟台市博物馆了。在这里，你可

○ 烟台的文艺街区

以了解烟台从旧石器时代开始到新时代贝丘文化的起源，从龙山文化到岳石文化的变迁，再到秦汉隋唐的一系列发展。在人类文化和中国历史的每一次重大转折节点上，烟台大多不曾缺席。

16:00
活在酒香中

同在广仁路区域的还有张裕酒文化博物馆。由翁同龢亲笔题写的厂名“张裕酿酒公司”仍然悬刻在年代感十足的门廊之上。参观完博物馆，还可以买一些酒作为旅游伴手礼（一切都已经帮你想好了）。2018 年才正式开园的张裕葡萄酒小镇是品尝张裕顶级白兰地的好去处。

20:00
福山鲜味

老话说得好：“要想吃得好，围着福山跑。”福山的厨子用产于烟台渤海湾的“海肠”脱水磨成的粉调味，曾经征服了很多人的胃。海肠这种东西，天然味道鲜美，出产范围有限，无法人工养殖，从来都金贵的。烟台人请客吃饭总要点上一碗海肠捞饭（把切碎的海肠拌进大米饭里，是对海肠的极大不尊重），以示对贵客的重视。不过，烧烤海肠还是吃得起的，不妨去城里的阿宋开的烧烤店吃上几根过过瘾，再配点便宜的巴掌大的海捕虾、粗壮的扇贝丁，以及干香的马步鱼、螺片、贝头和一盆盆生蚝，守着一串串带着烟火气的当日现捕海产，守着令人满足至深的烟台夜生活。

○ 烟台张裕酒文化博物馆

○ 西岛日出

另一面海南

海，沉沉流淌在海南人的血脉深处。
不过，我们这趟旅程“遗忘”了椰林、棕榈和白沙滩，
也没有走进“海角天涯”——我们压根儿没在三亚过多停留，
直接驾车沿东部环线高速北上，
试图寻找海南不为人知的一面。

文○林大球、李偲涵
图○林大球

两个多小时后，我们拐上了琼海市潭门镇村尚未铺装的土路，只为去中国南海博物馆一探南海《更路簿》的真面目。潭门镇是历史悠久的渔港，世世代代的琼海渔民出海捕鱼时，会为航路上遇见的每一座岛、每一处礁命名，同时记下方位、航向、距离等详细信息，日积月累汇成一本“船长手记”，即《更路簿》。我们看着这本凝结了渔民智慧的小书，思绪似乎也随之驶向了南海深处……

侨乡往事

和万千渔民一样，侨民也穿行在南海航路上。从潭门镇继续北行50多公里，便是走出120万侨胞的文昌地界。

抵达文昌的第二天一早，我们便朝文南老街进发。骑楼林立的文南老街大致呈南北走向，从南口进，文南老街南洋风格的牌坊背面正中，横向刻着“文运昌隆”四个大字，左边竖排雕着“偃武”，右边对称排着“修文”，足以彰显文昌“一里三进士”的尚文底蕴。老石板窄街两侧，雕花各异的青灰色骑楼将五光十色的现代生活严严实实地挡在外面，垂直切割出与小路同一走向的蜿蜒蓝天，沿街的副食小店、牙科诊所和非连锁服装店都透着浓浓的市井气息。卖清补凉的姑娘利落地盛起一大勺椰汁，清甜的气息立刻飘散开来。

看过了文昌的“脸面”文南老街，我们又向北穿行，试图找寻侨乡的遗珍——符家宅。自文南老街向北，走在县道拐到松树村的土路上，两边尽是半人高的绿色植物，直到一片破落的青灰色建筑进入视线：“太适合拍鬼片了！”这就是我们寻觅的符家宅了。

文昌北部的松树下村就是符家宅的所在地，所以这座南洋风格家宅又得“松树大屋”的别称，于2009年被列为海南省文物保护单位。符家宅不收门票，大门钥匙在符氏后人处。看着宅院紧锁的大门，我们抱着试试看的态度，走向躺在旁边老树下乘凉的一位大叔。听闻我们的来意后，大叔打量了我们片刻，手朝腰间探去：“你们进去要注意安全，不要随便碰，它是危楼，很危险的。”大叔强调了几遍“安全事项”，我们受宠若惊地点头如捣蒜。

缓缓推开大铁门，我们就此踏入了侨胞符家的过去。符家宅主建筑为三栋双层连体小楼，最后排是八间单层厢房。除了传统琼北民居特点与南洋风格外，三叶形和马蹄形的拱券是明显的伊斯兰风格，“松树大屋”的独特之处便在于此。一眼望去，杂草和青苔已从几十年未经打理的砖缝间蔓延开来，前院两侧生机勃勃的菜苗与凋敝的建筑反差鲜明。小楼底层通往二层的所有楼梯早已残缺不全，外立面椰子树干形状的砖石排水管道也磕破了边角。站在天井处，我想象着头顶曾是连通二层房间的廊板。不过，廊板如今已朽，空余经久不变的蓝天。部分墙壁上还依稀可见“比武台”“一年级”的字样，想必此处还承载着另一段家族之外的历史。

○ 符家宅

·······

文昌鸡

海南四大名菜之首的文昌鸡，发源于文昌市谭牛镇天赐村。当地传闻，明朝时，琼山人丘浚与文昌人邢宥同朝为官，二人回乡探亲，离家前一聚，临走时邢宥赠予好友丘浚几只文昌鸡。回朝后，丘浚将鸡进献给明宪宗，宪宗直呼好吃，从此文昌鸡名扬千里，其产地也更名为“天赐村”。想要一品文昌鸡，可前往天赐北村 1 号的农家乐“天赐味道”，鸡圈里遍地都是剖开的椰子，院子里随处可见自在溜达的鸡。

归还钥匙时，大叔说他叫符策轩，与大屋的符家是本家。“他们家人都在国外，不回来了。后人不回来就没人管，政府说要保护要整修，但现在还是这副样子。钥匙现在我来管，有礼貌的人我才给钥匙。”

符大叔热情地邀我们去他正在装修的新家看看——不远处的一幢三层小楼。站在小楼最高的阳台，不但能将符大叔家的鸡圈尽收眼底，还能眺望符家宅：繁花层林掩映下，黛瓦硬山顶和斑驳灰砖墙仅现一隅，平添几分神秘。感谢礼貌，竟为我们带来如此独特的视角。

符大叔说我们一看就是北方人，因为“‘百荒银’都白白的，我们当地人就都黑黑的嘛。”说罢，便热情地请我们这些“百荒银”喝自家的椰子，懂礼貌的我们自然要客气地推拒一番，符大叔坦然笑道：“没关系的嘛，你们不吃，也是鸡吃的嘛！”没错，大名鼎鼎的文昌鸡就是吃椰子长大的。

西岛的日与夜

接下来是继续北上海口，在省博物馆徜徉，还是转道南下？还没来得及陷入进退两难的境地，我们就发现明天是星期一，所有博物馆都不开放。南下俨然成为理所应当的“命运安排”。

回到三亚后，我们从肖旗港码头坐船去西岛，船程仅20分钟。

西岛被分为“景区”和“居民区”两部分，高大的铁门和矮桩阻挡了游客进入村子的部分道路，居民区的车辆也无法进入“景区”。“景区”开发商在西岛码头周围圈起一块不小的地，一下船就能看到游客中心和贩售纪念品、小吃的摊位。

不少人的西岛“一日游”就止步于此了，但是我们继续从海岸往“内陆”方向闲逛，成功穿过矮桩，突破景区“结界”，走进了带着人间烟火的西岛居民区。狭窄的小巷里随处可见色彩缤纷的画作，走过村子里古旧的珊瑚石古屋，我们突然发现一片略显突兀的水泥围墙——那曾经是驻岛部队和岛民生活区之间的分界线。如今这里不再有部队驻扎，岛上居民大多是延续着古老生活方式的疍家人（水上居民的统称），当然还有精瘦小巧的牛羊和两百多只猴子。

往返西岛和三亚的船发船时间是9:00 ~ 18:00，18:00之后依然“滞留”在岛上的我们，自然拥有了几乎没有游客喧嚣的西岛。傍晚时分，海边烧烤摊、自酿啤酒屋零星开始营业。在民宿老板带着我们去寻找宵夜的路上，他会不时与一些人闲话家常，天南海北的口音颇为有趣。

海上日出是夜宿西岛的另一个福利——只要你起得来。沿着海岸往东走，经过码头和海上书房之后就会来到一片生长着椰子树的海滩，在海对面雾霭中影影绰绰的就是东岛了。这里是拍摄日出的好地方，打开镜头对准海平面上的那颗“咸蛋黄”，把握好机会就可以捕捉到它跳出海平面的那一瞬间。但是在此之前，柔和的光线会把海滩和椰林映成粉色或紫色，让日出作为背景，拍一张自带紫色滤镜的剪影也是不错的。

日出之后，码头渐渐热闹起来。女人们聚集在码头上挑选刚捕捞上来的海产品。买好鱼之后，她们三三两两坐在树下，熟练地将鱼剖开、晾晒，做成一份份小鱼干。这种自制的小鱼干物美价廉，不管是投喂自己还是赠送朋友都是不错的选择。

保亭黎族苗族自治县

经中线高速（G9811；起点为海口，终点是乐东，途经屯昌、琼中、五指山等地）回三亚的途中会经过保亭黎族苗族自治县，行车至此你会发现海南的又一面——热带雨林、梯田、少数民族风情的雕塑和装饰，如果好运，还能见到文面的妇女。除了拥有雨林保护区，这里还有丰富的温泉资源。高海拔、多植被让这里的气温相对较低，在海南泡温泉其实一点也不突兀。

西岛“寻宝”

我们沿着海岸走，想要在村子里“寻宝”。“海上书房”的标牌出现在我们眼前，原来是一家由三艘老旧渔船改造而成的“三进”图书馆。“第一进”是书房，阳光透过舷窗照进船舱，书架贴着船舱内壁顺势打造；随后就踏入了一个会客室兼活动室，当地小朋友自己 DIY 的环保作品被摆放在甲板上；最后则是一间漂在海上的青年旅舍，里面分布着 8 张床位。

书房创始人叫秦加一，她的团队除了改造废弃的渔船，还从村民手中回收了一些珊瑚石老屋，在不改变其原有结构和墙体的情况下加固了房屋，或改造成可供居住的客栈，或重整为展览空间。

我们参观了由珊瑚石老屋改造而成的民宿“囍屋”（可以预订，在不影响房客的情况下也允许入内参观）。凹凸不平的墙面是用海边随处可见的珊瑚石筑成，墙体结实、透气，是海南湿热气候的适应产物。这间房子不大，庭院小巧而精致，院子里种着番石榴。民宿之所以叫“囍屋”，是因为阁楼挡板上有两个“囍”字，原是老屋主人当年婚床的床头板。

珊瑚石老屋通常挑高很高，会在上层隔出一个阁楼。当地人认为，厨房和厕所不可以和居住区域混在一起，所以珊瑚石老屋的厨房通常在室外，厕所也是另外修建。囍屋加固整修后的阁楼如今是一处儒雅的书房，与大厅之间的隔板上贴着“晴耕雨读”四个字，虽是后来新写的，却代表了当地人长久以来的信仰。从大厅后面往右绕便来到餐厅，古老的珊瑚石墙历经岁月，余韵悠长。

○ 海上书房

不管是南海渔民的《更路簿》，还是文昌的侨民建筑和美食，这趟海南之旅都开启了我们对海南的另一种观感。在众多惊喜之中，西岛仍然有其独特之处。它带着开发的痕迹，却也彻头彻尾地融入了当地人最日常的生活中。在这里你很容易体会到一句话：在当地人都过着自己习惯的生活时，旅行才会有它该有的样子。

○ 孤独图书馆的观海视角

乌托邦的孤独与喧闹

文○郭士语
图○郭士语

梵语“阿兰若”
指的是远离人间热闹处的寂静之地，
译成中文便是“阿那亚”。
北戴河阿那亚以其前沿的
建筑设计、完善的生活配套设施和丰富的社区文艺活动，
给都市人群带来了新的短途旅行生活方式。
在这里你大可不必费心规划，
因为理想国里处处有趣味。

避世之所与前卫设计

空旷的沙滩上，静静地矗立着一栋建筑，建筑不远处便是大海。远远看去，灰色的外墙像是“天外来客”。在沙滩上一步一个脚印、深深浅浅地走上几百米，才能一窥它的真容。它就是人们奔赴阿那亚想要一探究竟的孤独图书馆。

孤独图书馆全名为三联海边公益图书馆。进入图书馆需要预约，每天限入 200 人。馆内设计简洁，混凝土和木材在修造中留下的痕迹都被一一保留。图书馆临海的一面，是由玻璃砖、玻璃幕墙与玻璃门组成的巨大海岸景观画面。为了让所有人都能够无障碍地欣赏海景，阅读空间呈看台状分布，坐在任何位置，你都可以伴着海浪声，沉浸在自己的小世界里。

阿那亚孤独的地方不只是图书馆，还有一座海上礼堂，这里会定期举办社区音乐会和艺术展等活动。和图书馆一样，它也独居海边，只是礼堂那尖尖的屋顶为它增添了一份神秘。教堂的内部只有一个十字架，一整面玻璃幕墙让海景成了眼前唯一流动的事物。伴随着空旷空间内充满神圣感的管风琴音乐，世界像是被转换成慢镜头，游客们可以坐在这有限的空间里享受片刻宁静。

离开那些能让你脱离现实的直线条建筑空间，前往由 OPEN 建筑事务所李虎、黄文菁主持设计的 UCCA 沙丘美术馆，体验完全不同的建筑风格。这座奇特建筑的灵感来自孩童挖沙游戏，其设计获得了德国 Iconic Awards“Best of Best”奖。美术馆主体就像一连串相互连接的洞穴，既象征人类最原始的居住形态，也隐喻着它的艺术属性。从正门进入，展厅空间逐渐宽阔，几个户外展厅更是面朝大海，呈现出不同的海岸视角。一条从户外展厅延伸出来的长栈道在海面上落成，栈道的那头连接着另一座美术馆——海上美术馆，无论趁着落潮沿栈道探访海上的另一端，还是站在这边的露台上远眺，都会是与众不同的体验。

当然，如果你什么都不想干，就干脆去单向空间放空。出自青山周平之手的单向空间书店，位于整个社区最中心的位置——阿那亚影院的正对面，是个闹中取静的小小避世之所。建筑师用有机组合的书架，将这里分割出数个小空间。坐下来喝杯咖啡，或是躲在书店的一隅读一下午书，都是轻松惬意的自处方式。

乌托邦里的人间烟火

尽管阿那亚极具乌托邦之特质，但你不会从头孤独到尾。这里的社区属性决定了它会与普通度假村或酒店存在不同，“食堂用餐制”就是其中一项。无论是这里的业主还是来旅行的客人，所有人的一日三餐都可以在分布于社区的几个食堂里解决。从中东烧烤、简单西餐到各式中餐，

○ 海边集市的甜品

青少年活动

除了酒店各自的儿童活动区域与儿童托管中心，趣味性十足的儿童餐厅、儿童农庄，灯光足球场、小型篮球场，随处可见的公共儿童游乐区，兼具滑梯和滑索的小型儿童游乐场等，都足够让孩子们乐此不疲。青少年营地从基础运动到攀岩等极限运动都有所涵盖，有外教指导，还有丰富的主题活动。

菜品的风格可谓应有尽有。有序的取餐氛围与热闹的用餐环境，莫名会让人想起读书时的象牙塔时光。夜里开放的深夜食堂，则是这里业主认领的非正式餐厅。

除了食堂，阿那亚也不乏提供美味的常规餐厅。Y · sea 餐厅与孤独图书馆隔沙滩相望，是建筑师董功“阿那亚光影三部曲”中最具人间烟火气的建筑（另外两座建筑是孤独图书馆和海上礼堂）。在这座宛如潜伏在沙滩上的水泥建筑中，没有传统意义的天花板，海边的日光透过上百个天窗，投射在餐厅的墙上。餐厅自制的餐前面包绵软有嚼劲，点单率最高的日式蒜香牛里脊饭浓香四溢，软嫩多汁的煎厚切牛舌名副其实，橄榄油爆蒜香黑虎虾鲜嫩 Q 弹……种种地中海美味让人难忘。

食至餍足便可去艺术馆看展或钻进海边电影院，也可以闲庭信步至社区广场，在红砖建筑“香港糖水铺”喝个下午茶，抑或是在自行车租赁中心“认领”一辆复古自行车，去湿地公园边骑边看风景。如有精力，不妨去马场驰骋，或是下海耍一耍帆船帆板，或风筝冲浪。夏天晚上的沙滩酒吧除了海景与饮食，还会有现场演出。

在阿那亚，公用健身空间、海边灯光足球场、海岸慢跑道和各种特色市集，都是为了“让人与人之间尽可能多地产生交集”的社区属性而设置。平日里，海边市集就是整个小镇的“烟火中心”。市集表面虽然看上去清冷又文艺，其实内里是个“五脏俱全”的生活超市。你既能坐在广场边喝着咖啡啤酒看人来人往，也能找到软糯好看的甜品点心、有机农场特供的新鲜蔬果食材、最新鲜的海鲜，甚至还有烹饪用的锅碗、文艺范儿十足的复古咖啡机……每到周末，这里的居民就会把海边市集变成名副其实的“市集”，跳蚤市场、邻里市集、共享市集、社群市集乃至公益市集，可谓是物质精神两手抓。

○ 阿那亚海上礼堂

误入斐济时间

文○林大球
图○林大球、视觉中国

○ 180 度经线上的夕阳和打球的当地人

180 度经线自斐济穿过。
这里每日都接收着世界上第一缕阳光，
岛上居民的性格乐天而悠然，
浩瀚的蓝海滋养了他们独特的文明，
也孕育出奇妙的深海生物。

“晒幸福”的斐济人

楠迪（Nadi）是斐济最主要的入境地，我们从这里出发，沿海岸线往南行驶约 1 小时，便来到了辛阿托卡（Sigatoka）——一个坐山面海的小镇，也是辛阿托卡山谷农业社区的商业中心。而更好的风光藏在山谷里：坐上小船驶向谷中，沿途天空一片开阔，日光暴烈，云层堆叠出深深浅浅的光影，两岸林木一点点退后，转眼又迎来新的树林和河湾。一些当地人在水边牧羊，或是在水中嬉戏。每当我们的船飞速经过，他们便会热情洋溢地挥手大喊："Bula！"

Bula，在斐济代表着各种善意的问候：你好、欢迎、喝彩、祝福……这个词发音简单、节奏短促，似乎天然透着一种热情和爽利的气质。最重要的是，当你说出这个词时，自然就会展开一张笑脸——在这个国度，灰心丧气地喊一声"Bula"简直是不可能发生的。斐济人甚至发明了一个词：Bulanaire。这是英文单词 billionaire（亿万富翁）和斐济语 bula 的结合，大概可以直接翻译为"幸福富翁"。

一旦你置身于此，便会感觉时刻被这股自豪的幸福感包围。我们拜访的山谷村庄尚未通电，村民不多，房屋也简单，全村最坚固、也是唯一的一座砖石建筑便是教堂。但遇到的每位村民都会冲我们露出灿烂的笑容，道一声"Bula"，就连这里的家禽和宠物都似乎分外亲人。漫步村中，时常看到人们将刚洗过的衣服高高挂上绳索，一大家子的衣服一件挨着一件，在阳光和清风中飘飘荡荡，似乎时光也变得轻盈起来。

当天下午，村民为我们举行了一次特别的仪式：喝"国饮"卡瓦酒。在斐济传统中，饮卡瓦酒仪式通常伴随着最隆重的礼节。流程看似简单却缺一不可：客人须击掌三下，而后接过盛在椰壳中的卡瓦酒，饮毕后把空壳还给主人，再击掌三下以结束仪式。

事实上，卡瓦并不是酒，而是一种当地植物的根茎磨成的粉末，这种植物叫作卡瓦胡椒。然后，人们把粉末放在传统的卡瓦锅里加水搅拌，制成饮料。这种饮品色泽混浊，完全不含酒精，但是多喝几口就会让人舌头麻木，接着感觉镇静和放松，大家习惯称它为"斐济可乐"。

潜入"治愈系"蓝海

斐济的海洋之美，恐怕已是众所周知，而海面之下令人惊喜的潜水点藏于何处，却大概只有当地人和潜水狂热者才清楚。事实上，斐济的潜水体验主要是珊瑚潜。这里有极其健康的珊瑚群，除了不同颜色的软珊瑚，也不乏大型海扇。在以"彩虹礁"命名的潜水点，甚至不必深潜就能看到水下的色彩，目睹各种珊瑚鱼随着海流轻轻游荡的景象。

这里的大型海洋生物也不少，海龟和鲨鱼都是这片海域的常客，而在他处罕见的锤头鲨则是萨武萨武岛（Savusavu）的常驻民——据岛上潜店的工作人员说，清晨潜水时，通常有八成概率能遇到它们。

潜入海下可以近距离观赏与恐龙同寿的卷心菜珊瑚礁（它的名字精

斐济妙体验

乘小型飞机跳岛游

自楠迪飞往塔韦乌尼、萨武萨武等外岛机场的航班大多由 19 座小型飞机执飞。

斐济国内航站楼的候机厅形似大学食堂，登机前工作人员会将行李逐一称重，然后让乘客拿着手提行李单独称重并记录在册，以平均安排机上重量。登机落座后，我们能看到机长在驾驶舱内拨动按钮、拉起引擎、轻声交流。而后飞机将飞跃深深浅浅的蓝海，抵达另一座葱郁的小岛。

跨越 180 度经线

180 度经线地标牌位于塔韦乌尼岛。这一处标牌被分为两块，西侧写着“今天”，东侧写着“昨天”。实际上，国际日期变更线完全位于斐济以东，而这里也不会发生“越线即穿越”的奇景，但与这块与众不同的地碑合影仍不失为乐事一桩！Bula!

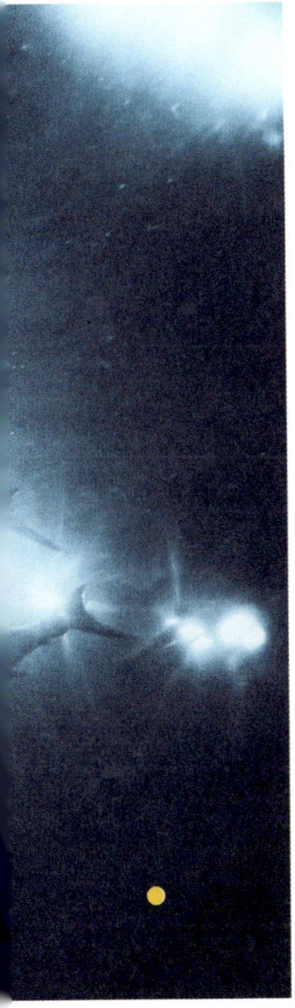
○ 潜水遇到锤头鲨

确地诠释了长相），浮在水面也同样乐趣无穷。斐济的海水非常温暖，穿着泳衣即可浮潜，怕晒的话可自备防晒服，也可以请潜店提供湿衣。

漂浮在清透宛若玻璃的水世界，混迹于大大小小的鱼群之间，会恍惚觉得自己也变成了一条鱼——耳边是海水流动的汩汩声，眼前是蓝色的透明幕布，阳光穿透浅层海水，一束束光照在高高低低的珊瑚礁上，创造出更缤纷的色彩。

然而，斐济的海有多美，就有多脆弱。如果说全球气温上升、水位上涨正对这个岛国上的陆生生物产生威胁，那么海洋所面对的危机则是来自方方面面：水温上升导致珊瑚白化，人为排放的垃圾更是挤压着海洋生物的生存空间。当你探索水下世界时，除了不去触碰海底生物，并且带走所见到的垃圾，还能做的就是不断强化自己——锻炼好中性浮力，以避免弄伤脆弱的珊瑚礁。

潜水界的传奇人物让 – 米歇尔·库斯托（Jean–Michel Cousteau）在萨武萨武岛上经营着一座同名度假村。他的父亲正是已故的著名海洋探险家、水肺潜水的发明者之一雅克 – 伊夫·库斯托（Jacques–Yves Cousteau）。这对父子十分关注斐济的生态环境，不仅身体力行地推动恢复水生植被、处理海洋垃圾的项目，还作为制片人多次将海底影像送上银幕。在让 – 米歇尔·库斯托度假村内，海洋专家会为住客（尤其是小孩）介绍海洋生物的生态状况，倡导环保潜水。你说不定还有机会与让 – 米歇尔本人打个照面，听听他与海洋之间的那些奇妙故事。

佳

如此美味的甜品，一人独占一份才对得起自己啊！

正因为生活太苦，所以更需要给人们造一个豪华绚烂的梦

太完美、太圆满反倒不好不如留点余地

下来

100个人来东京

就有100种玩法

住很

久

一座宾馆的沧桑与风华

如果一座城市有记忆，
它一定写下过关于历史的笔记，
如果一段历史是活的，
它一定活在这座城市的建筑里——年过 90 岁的辽宁宾馆，
就像一座饱经风霜又充满活力的博物馆，
收藏着沈阳过往岁月中那些难忘的记忆。

文○喻添旧
图○喻添旧

○ 辽宁宾馆外景手绘图

沈阳中山路、南京街、北四马路 3 条道路的交会处常常车水马龙，而在这里占据核心位置的则是圆形的中山广场。广场正中间矗立着 20 世纪 50 年代的毛泽东塑像。而环绕这座承载了沈阳时代变迁和命运起伏的大广场的，则是 8 栋欧式或日式的建筑，每座建筑的背后都藏着一段故事——广场还没成型就已修建好的满铁奉天医院，1994 年拆除后被改建为沈阳铁路公安局、中国医大附属第一医院体检中心；建于 1922 年的东洋拓殖株式会社奉天支店，它的老大楼如今为沈阳市总工会使用；位于广场西南侧的辽宁宾馆，曾是大和旅馆。

忆往昔，峥嵘岁月稠

从外观来看，辽宁宾馆的建筑融入了许多巴洛克和新古典主义元素，宾馆一共有 4 层，1 层为连续的半圆形连续拱券廊柱，3 层和 4 层逐层后退，两侧对称的塔楼则向前突出。如果从天空鸟瞰，你会发现新大和旅馆整个建筑呈现“日”字形，有两个对称的天井，整体布局十分方正。

和周围其他 7 座颇具风霜感的建筑一样，辽宁宾馆的建成也有一段长长的故事。1905 年日俄战争结束后，日本攫取了东清铁路支线长春至大连的铁路及其“附属权益”。1906 年日本设立了“南满铁路株式会社”（简称满铁），从此，日本人先后在大连、长春、哈尔滨等地修建了 5 家大和旅馆。

1910 年 7 月，满铁奉天车站（沈阳站）建成通车，作为配套的“停车场旅馆”开设在车站的二层楼里。没想到随着沈阳区域战略地位的不断加重，旅馆业务量好到出奇，12 年间客房数翻了将近一倍，达到了 22 间，却依然不能满足日益增长的住宿需要。于是已经改名为“大和旅馆”的宾馆在中山广场选址修建新的大楼。当时正逢日本学习西方的热潮时期，于是由太田宗太郎设计、仿照英国建筑样式设计的大和旅馆在 1929 年 4 月竣工了。当时，这家旅馆是城内规模最大、级别最高、最豪华舒适的宾馆，专门用来接待日本上层人物。

1945 年 8 月，日本投降，国民党政府将大和旅馆更名为铁路旅馆。随着时代的更迭，这座老建筑又更换过文化宾馆、东北行政委员会交际处等名头，直到 1954 年改名为辽宁宾馆而持续到今天。

辽宁宾馆古朴的走廊墙壁上，悬挂着一张拍摄于 1930 年的老照片，从照片可以看出这栋建成已近百年的建筑外观从来没有变过，即使是入口处的遮雨棚，也全都保留着原样。

可以住的“博物馆”

经过几次装修改造之后，今天的辽宁宾馆大堂依然保持着大和旅馆的古典气质，让人第一眼便能感受到豪华与典雅。

穿过年代感十足的旋转门和门廊，进入宾馆内部，眼前就出现了一座座欧式拱券廊柱，大厅的墙上贴着绿色瓷砖，吊灯和雕刻典雅的天花板也华丽依旧。大堂正中摆放着一台黑色的施坦威三角钢琴，凑近钢琴可

时间轴

1927 年		奉天大和旅馆开始修建
1929 年	4 月	奉天大和旅馆竣工
1931 年	9 月 18 日	大和旅馆成为日军指挥部
1945 年		日本投降后，先后改名为铁路宾馆和文化宾馆
1946 年	5 月 23 日	国民党军队占领长春，蒋介石在文化宾馆策划部署东北战事
1948 年	11 月 2 日	沈阳解放后第二天，陈云来到此处，将这里作为东北行政委员会交际处
1950 年	3 月 1 日	毛泽东访问苏联回国后下榻文化宾馆
1951 年	1 月	周恩来下榻文化宾馆
1954 年	1 月	改名为辽宁宾馆
1955 年	2 月	十世班禅额尔德尼·确吉坚赞入住
	11 月	刘少奇入住
1956 年	8 月	著名数学家华罗庚入住
	10 月	陈毅入住
1957 年	4 月	朱德入住
1959 年	9 月	董必武入住
1997 年		被国家旅游局、建设部评为“标志性建筑”和“历史文化宾馆”，成为沈阳市文物保护单位
2007 年		被列入辽宁省级文物保护单位

○ 铺着牛皮的旋转楼梯

以清晰地看到它的骨架上标注着“PATENT GRAND CONSTRUCTION OCT.3.1899.”。贝壳屏风、彩色玻璃、悬挂在走廊的黑白历史老照片，众多政要、明星、文化学者和外国友人都在这里留下了鲜活的流传至今的故事。

大堂一侧的木制旋转楼梯是目前保存得最为完好的装饰建筑之一，楼梯台阶为纯天然大理石铺设，中间部分铺着防滑牛皮。顺着木质楼梯向上，可以到达位于宾馆二层和三层的客房。

辽宁宾馆“物语”

辽宁宾馆里有多少“古董”谁也讲不清，先不说那些室内墙壁上的雕花和廊柱，从建筑落成就从来没有挪动或改变过，就说房间里的陈设和餐厅里的座椅板凳，随便一个错身便有几十年的历史。可以说，辽宁宾馆是一座活的博物馆。

邮政信箱

在辽宁宾馆旋转门的入口，有一个绿色的老旧邮报箱，它是与辽宁宾馆同龄的老物件。邮报箱过去是高档酒店不可缺少的配置，在今天的网络时代已经少有人问津，不过辽宁宾馆的这个古董邮箱仍然在使用中，每天都会有邮递员来查收寄递邮件。

大宴会厅及相关设备

大宴会厅曾经乐曲悠扬、笙歌不息，直到今天所有的设备也还顺畅地运行着，它拥有可以举办专业音乐会的舞台和乐池，所有的吊灯都可以通过隐藏的机关自动升降，还可以通过柱子上的开关便捷地手动播放电影。

○ 历史悠久的邮政信箱

○ 电梯指针

○ 餐厅从未变过的摆件

银质餐具

在地下库房整理出的大量诸如银质餐具和生活盛器上，许多都印有“满铁”的标志，它们随着连锁大和旅馆的开设遍布当时东北的铁路沿线，成为当年生活品质和生活方式的象征。

理发椅

从一张拍摄于 1931 年的老照片可以看到，原大和旅馆有一间理发室，曾经是沈阳城里最高级的，当时的军政要人、国外使节和商贾巨富无不选择这里作为“正容”首选。现在这间理发室被改造为酒吧，而在酒吧旁的“文物角”，一把因为时代洪流冲击失而复得的理发椅被视为珍宝，它的踏板上清晰地铸刻着生产商标志：美利坚圣路易斯库肯 KOKEN 公司。

电梯指针

辽宁宾馆营业时就配备了当时的国际最新技术产品——电梯，虽然如今新技术成了旧文物，电梯内部早已换成了现代产品，但老电梯的指针盘仍然保留在墙面上。引人注意的是，辽宁宾馆有 4 层楼高，指针却只有两个数字——1 和 2，其他分别是 R、B、C，分别对应着顶层（rooftop）、地下室（basement）和大厅（concourse floor），而字母数字的间距差别则代表了楼层的高度差别。

不变的“食”光

1910 年，奉天车站的“停车场旅馆”就曾开设菜馆，为来往旅客供应餐食；1927 年大和旅馆建立后，这里的酒吧和下午茶曾经一席难求。而现在的辽宁宾馆餐厅则继承了传统与高端品质，尤其是第三宴会厅。宴会厅里的装饰保持着历史原貌，既有西式的窗幔帷幕和玻璃壁灯，又有中式的木角雕饰和铜鹤献福装饰。

第三宴会厅还提供最地道和传统的辽菜四鼎宴和满族八大碗，以及一系列色香味俱全的精致菜肴：鲍鱼和猪肉同锅红烧，将鲜和香融合得天衣无缝；小鸡和蘑菇同炖则代表了沈阳最淳朴的民间滋味；酸菜白肉汁浓味厚，油香十足，非有持久不变的耐心无法成就——就好像辽宁宾馆，由时代筑造了曲曲折折的路，永远在变，却也从未变过。

○ 鲍鱼 + 猪肉

东京优宿美食新风尚

文 ○ O.Be
图 ○ O.Be

○ ONE@Tokyo 酒店

100 个人来东京，
就有 100 种玩法。
如果你是热爱新鲜的潮流旅者，
对东京的探索怎么能止步于传统游览区和购物街？
东京如雨后春笋般涌现的主题设计酒店和讲究社交体验的旅宿，
可都是如今的大热，
当然，
还有环境与品质兼具的新晋人气美食店等待你前去品尝。

优宿东京

虽然置身于安静的居民区中，但周边购物和用餐都非常方便，对街就有药妆店、超市和烤肉店，步行几分钟即可到达东京晴空塔。

建筑大师隈研吾新作：ONE@Tokyo 酒店

在东京都的押上街区内，2017 年新登场的 ONE@Tokyo 酒店（onetokyo.com）低调的灰白色建筑与周边民居悄然融合，完美诠释着日本建筑大师隈研吾“让建筑消失”的设计理念。酒店内，极简风格的原木拱门、白色纱布帘，以及木材与金属桌椅搭配的就餐区和公共休息区，亲切而清爽，简约而不失别致。

穿过全白色布帘装饰的客房长廊，入住宽敞的套房，便可透过大落地玻璃窗看到东京晴空塔的美景。当然，你也可以像我一样——选择“入

门级”的 studio room 房型，体验一晚“麻雀虽小，五脏俱全”的极致设计：电器和入住用品都藏在墙壁的木柜中，书桌与窗台融为一体，座凳拉开既是椅子又是一张小矮桌……所有设施用品，就这样巧妙地容纳于 14 平方米大小的空间里。

酒店还有一处“彩蛋”——顶楼的露天观景台。黄昏过后不妨带上酒水，坐在天台舒适的长沙发上，慵懒地享受东京的迷人夜景。

社区创意美学体验：浅草怀尔德酒店

大胆主张“社区体验”理念的浅草怀尔德酒店（Wired Hotel Asakusa；wiredhotel.com），时时刻刻在鼓励住客——走，去探索吧！除了摆在房间内的手绘街区地图，以及门口一列排开的公路自行车，酒店还准备了几十种以“一英里旅行手册”为主题的旅行秘密锦囊卡片，住客只要从中选择感兴趣的街区线路，即可跟随卡片指引，开始一段酒店周边 1 英里（约 1.6 公里）的体验之旅。

除了鼓励住客“走出去”，这家酒店还鼓励大家在入住期间广交朋友。在餐厅吧台，人们在温暖的灯光之下相邻而坐，借着微醺，隔阂渐散继而谈天说地。酒店还设有“秘密楼层”，专供通铺的住客入住。而在共享休闲空间内，电视、书籍、玩具、沙发、餐桌、厨房等设施一应俱全，为住客提供了更多相互结识的机会。

酒店大堂及房间内的装饰品均出自浅草社区艺术家或工艺匠人之手，住客也可以在此购买心爱的艺术品，支持浅草当地艺术。

○ 浅草怀尔德酒店

百年和屋的沉浸之旅：Toco 日式青旅

这是一家条规颇多的旅舍：每天只能接纳 13 个客人入住，不接待 7 岁以下的儿童；厨房、浴室的使用时间严格限制在早上 7 点至晚上 12 点；夜间在旅舍内走动须轻步轻声……尽管要求如此严格，这家旅舍的床位——哪怕是 8 人通铺的床位——始终都是一席难求。因为，这是一家有着优美日式庭院风景的和屋。充满诗意的庭院之中，清晨雨露湿润，午后郁郁葱葱，黄昏宁静古朴。

然而，Toco 旅舍最让人难忘的，还是他们让人感到“小确幸”的服务。当我们风尘仆仆地拎着行李步入旅舍，穿着精美和服的女服务生便来热情地招呼。随后，我们在昏黄的灯光下，跟随和服女生的背影，踏

如果实在订不到 Toco 旅舍，可预订同一家公司旗下的两家姐妹店：CITAN 和 Len，它们都是东京很受欢迎的青年旅舍。三家旅舍皆可在 backpackersjapan.co.jp 预订。

○ Toco 日式青旅

过百年老屋的木地板走廊，来到前庭的酒吧——这一切如同一场时光穿越之旅。店家在酒吧彩虹色的楼梯之下还为客人们安排了多种选择：或学着制作墨西哥饼，或围着吧台的酒保开怀畅饮——Toco 的店员不戴职业式面具，常常真诚地和住客一起喝酒、聊天，氛围很好。

如若预订了第二天的早餐，则又是另一种“小确幸”式的体验：小厨娘会当面制作两款不同口味的地道饭团，边煮食边和食客聊天。最令人感动的是，看见我们离开旅舍，服务生急忙放下手中的活儿，冲出门外与我们挥手道别，如同朋友一样亲切。

东京新晋人气美食

“慢工出细活”的优质出品：蓝瓶子清澄白河旗舰店

在美国主打小众市场的咖啡品牌蓝瓶子（Blue Bottle Coffee；bluebottlecoffee.com）估计没料到，自己进入日本市场后，会如此受人追捧。蓝瓶子迄今已在东京开了 7 家分店，不过其中最受推崇的依然是位于清澄白河的总店，它也是不少咖啡迷抵达东京后必访的咖啡店。

这家蓝瓶子的外观如同仓库，事实上它也确实承担了部分仓储功能：一楼除了是开放式店面和咖啡制作区之外，里面还设有货架区，存放着咖啡豆。咖啡师用最贵的咖啡机、最优保存期内的咖啡豆子，“慢工出细活”地冲制每一杯咖啡——尽管有不少顾客在排队等待，我的咖啡师还是花了足足 10 分钟，一丝不苟地制作出了一杯绝妙的意式咖啡。

蓝瓶子会不定时地发售限量纪念品，例如冲煮器具、马克杯和环保袋等，在年轻人中大受欢迎。易拉罐装冷萃咖啡也是值得尝试的招牌产品之一。

重新认识猪排烹饪：舞泉炸猪排（青山本店）

严格意义上来说，舞泉炸猪排（Maisen；mai-sen.com）不能算是最新的人气美食店，因为它已经在当地红了五十多年。但如果你跟我一样，对炸猪排的认识还停留在“快餐”和“小吃”的阶段，那就不妨来舞泉炸猪排，接受一下猪排烹饪知识的“再教育”。

舞泉炸猪排的各款猪排套餐制作精致，配菜丰富，选择多样。在颇具复古风格的餐厅内就座，会有穿着西式服装的女侍应提供周到的服务，营造出仪式感丰富的用餐体验。这里会根据不同地区的猪品种、来自不同部位的猪肉，将菜肴烹饪出不同的口感。新鲜炸好的猪排，端上来热

○ 舞泉炸猪排

如此专业的猪排店，在就餐高峰期一席难求很正常。好在餐厅门口的外卖柜台里除了有单件炸猪排，还有猪排便当外卖出售，可以解决排队等位的烦恼。

乎乎的，入口酥脆甘香，让人回味无穷。别忘了伴以“辛口”或“甘口”的蘸酱解腻，这样更开胃。

再长时间都值得等待：幸福松饼店（表参道店）

松饼是日本近年来大热的甜点。卖相味道俱佳的松饼店，门前常常会出现排队的人潮。而幸福松饼店（幸せのパンケーキ；magia.tokyo）就是其中的佼佼者，哪怕在全日本已经开了数十家分店，人们还是需要亲自排队，才能品尝到这份“心头爱”。

不过对于铁杆食客来说，再长时间的等待也值得。每天早上营业前的 1 小时，这家松饼店门前就已经有顾客在排队了，下午的预约名额更是早早就被占满了。而像表参道店这种客流量较大的分店，店内入座的消费时间还被限制在 1 小时 30 分钟内——这种“幸福”真是来之不易，让人特别珍惜。

一份招牌套餐包括 3 块厚实的原味松饼，伴以奶香味浓郁的雪球。在松饼上淋上新西兰蜂蜜即可开吃。看上去很大块的松饼，其实质地蓬松、入口即化，蛋奶香瞬间散布到整个口腔，这一刻，幸福感飙升。

○ 幸福松饼店（表参道店）的美食

唯一的忠告：很多第一次尝鲜的客人会选择两人共享一份套餐，然而往往吃第一口时就会后悔——如此美味的甜品，一人独占一份才对得起自己啊！

在东京历史设计酒店 • • 探寻日式美学

文 ◦ 骆仪
图 ◦ 骆仪

◦ 被摩天高楼包围的日枝神社

在国际大都会东京，
酒店多以西式为主流。
然而，
比起那些西式酒店，
我偏爱在满足现代化居住需求的基础上，
又巧妙融合了日式美学的酒店。

给宫崎骏创作《千与千寻》以灵感的雅叙园、改建于前首相私家园林的椿山庄，以及隈研吾在东京的首个酒店作品东急凯彼德，这 3 家拥有和风之美的酒店分别是 20 世纪 30 年代、90 年代和 21 世纪的东京酒店翘楚，它们以各自的辉煌历史与卓著设计而著称。入住这 3 间酒店，东京之旅的体验将得到极大地丰富。

雅叙园：昭和龙宫城

你也许没听说过这家酒店的名字，但你很可能“见过”它——宫崎骏的动画电影《千与千寻》里汤婆婆的“油屋”，便是以这座有着“昭和龙宫城”之称的雅叙园为原型的。

电梯门上的螺钿画

宫殿般气派的正门、门边的水池和花艺、百米走廊墙壁上的彩色浮雕木版画、天花板上的美人图……真正来到位于目黑的雅叙园，所见实景比动画片更令我惊叹。酒店内，电梯的两扇门上还绘有两只站在花树下的大孔雀。仔细看才发现，这是非常精细的螺钿画。螺钿工艺在古代从中国传入日本，在高级漆器或木器上镶嵌贝壳是常见的，但用于装饰电梯的做法我还是第一次见到。电梯表面涂了黑漆，衬托出闪闪发亮的孔雀，密密镶嵌的贝壳折射出五彩幽光，拼贴出孔雀的眼珠子和长喙，而更多螺贝如金针般细密，模拟出孔雀全身翎毛的光彩色泽，金晃晃、绿莹莹。

走进我下榻的西式套房，房内虽然配置了贵妃沙发和床，但依然有独特的和风雅韵，铁壶、陶器茶具、竹器插花等细节也毫不含糊。尤其让我喜欢的是卧室床头背景墙：整整一面墙的和纸，亮橙底色上淡扫金粉，和纸左下角有一丛花叶，隐藏在床头的壁灯照在墙上，柔和的散射灯光让橙色和纸更添暖意。更特别的是，床头竟然装了一根粗壮古朴的枯藤树干，估计来自一棵年近百岁的老树，它跟右边的细木条栅栏形成有趣的对比。我也是后来才知道，这根树干其实代表了雅叙园近 90 年历史的延续。

生活太苦，给世人造梦

1928 年，石川县出身的细川力藏在东京芝浦创立日式料亭餐厅芝浦雅叙园。受关东大地震和战争双重影响，平民生活艰难，而细川力藏则趁地价低迷，大举购买土地。1931 年，他买下了目黑的一块土地，将餐厅搬迁到这里，扩建并改名为目黑雅叙园。此后这里便成了日本最早的综合婚宴会场之一。

战时政府禁止奢华浪费，细川却认为，正因为生活太苦，所以更需要给人们造一个豪华绚烂的梦。于是，他请来多位知名画家、雕刻家来

○ 雅叙园

东京目黑雅叙园大酒店

ホテル雅叙園東京

www.hotelgajoen-tokyo.com

房间 2400 元起

百段阶梯平时不开放，如想参观有以下方式：

在每年的春季限定企划展期间参观，门票 500 日元，有中文讲解。

预订“美与匠之祭典：百段阶梯导游 + 用餐”，在用餐前参观，仅日文讲解。

预订酒店的 Art Tour，仅限入住客人预订，免费。

为雅叙园创作，同时买下多幅名家作品，将雅叙园打造成了美轮美奂的东瀛美术殿堂——当时那些艺术家正是贫困潦倒之际，所以细川并没有在这件事上花太多钱。整座酒店的天井和墙壁，共有多达 1 万名花魁形象的绘画和雕刻。来参加婚宴的客人在等待上菜的时候，可以到酒店各处散步参观，即使是不太了解艺术知识的人，也能单纯地欣赏那些绚烂豪华的装饰。这时候我才明白雅叙园名字背后的意思——文雅叙情，真正是“文雅之人在此叙情，待上一天亦不会觉得无聊之所”。

严丝合缝的“百级阶梯”

我所落榻的雅叙园新馆落成于 1991 年底，与旧馆相连。彼时旧馆大部分被拆除，馆内的画作和雕刻转移到新馆展示。如今旧馆唯一完整保存下来的木造建筑，是建于 1935 年的“百级阶梯”。

这道笔直的楼梯全部由 5 厘米厚的榉木板打造，楼梯左侧的窗户全靠木工拼接，但严丝合缝，窗棂上则有各种精细花纹图案。楼梯右侧有 7 个房间，共 7 层，多个房间都用了树龄超过 100 年的树干来做支柱。房间命名也有讲究：“渔樵”源自中国古琴名曲《渔樵问答》；近代日本画名家礒部草丘、镝木清方、桥本静水、板仓星光等人也都在此留下画作，于是分别成为草丘、清方、桥本、星光等房间名字的由来。

参观百级阶梯的体验真如同参观一座昭和年代的美术馆。从墙壁到栏间（墙壁上方接近天花板的位置）及至天花板，汇聚了那个年代的画坛精英之作。另一点有意思的是，这处“百级台阶”的台阶其实只有99级。这其中大概是有谦逊的含义，太完美、太圆满反倒不好，不如留点余地。另一种解释则是：只有天皇才能造 100 级台阶，平民不能僭越。

椿山庄：东京世外桃源

一部《东京女子图鉴》让大众知道了椿山庄，剧中那位颇有品位的和服店老板口中“顶级的事物（即地方）”，便是指椿山庄。

名园往事

椿山庄确实大有渊源。其所处山头的历史可追溯到近 700 年前，因种植了许多椿树（山茶花），此地成为当地胜景，并得名椿山。富士山在远处云端隐现，江户川在稻田间蜿蜒。浮世绘《名所江户百景》之一“关口上水端，芭蕉庵椿山”就描绘了这里的田园山色。1878 年，山县有朋（明治维新时期的开国元勋，也是“日本陆军之父”）买下此地作为私宅，亲自设计庭院，并请来东京知名造庭师岩本胜五郎负责施工。彼时椿山庄堪称庭园典范，以明治天皇为首的政治要员也常来这里召开重要会议。

第二次世界大战前，椿山庄归关西大财阀藤田平太郎男爵所有。他希望继承山县有朋的意愿，维持园林原貌。然而战争期间，山县有朋纪念馆和 1000 坪的邸宅、花园的大半树木都在空袭的炮火中化为灰烬。1948 年，藤田兴业接手椿山庄，社长小川荣一抱着“在战后荒废的东京建造绿洲”的心愿，移植了超过 1 万棵树来复兴名园椿山庄。

4 年后，椿山庄花园餐厅开业，此后成为全日本举办婚礼场次最多的地方。1992 年，四季酒店选择在此开设了亚洲第一店，并由知名美国设计师 Frank Nicholson 操刀设计。鹅黄暗花墙纸定下主色调，搭配吊灯、壁灯、相框和门牌的金色勾边，营造出十分温柔的气息。房间内的墙纸和地毯都是繁复的威廉·莫里斯式花朵纹样，加上精致典雅的家具和灯具、黄铜拉手和黄铜水龙头、有椿花纹样的“美浓烧”化妆盒等，酒店内的一切都是英国乡村别墅的风格。

或许你会问：一间坐拥大型日式园林的东京酒店，却装修成英国乡村别墅的风格，是否有些违和？其实并不会。原主人山县有朋所处的明治维新时代正值日本脱亚入欧、全盘西化的时代，人们吃牛排、喝咖啡、穿洋装，也兴建了诸多欧式建筑。如此看来，在稍微远离东京繁华闹市的山庄，造一个英国乡村的度假梦，便再合适不过了。

繁华都市难得的绿洲

椿山庄占地 7 万平方米的花园对公众开放，是东京难得的绿洲。走进花园，首先会看到橘红色的弁庆桥，它是最受新人喜爱的留影地点之一。小桥横跨的溪流边长满葱郁的蕨草，时而有薄雾从小溪升起，慢慢笼罩

椿山庄神佛石雕

椿山庄冠木门

在青草灌木上，犹如仙境。走过弁庆桥，只见十多尊嬉笑怒骂、表情各异的罗汉石，它们是根据江户中期著名京都画家伊藤若冲所绘的五百罗汉制成，从京都伏见石峰寺迁移而来。此外，花园各处还散落着大黑天、福禄寿、弁财天、毘沙门天、布袋和尚、惠比寿神等多座石雕。待到晚间，花园更加宁静，只听见啾啾蝉鸣。整座花园仿佛为我所有，我也全然忘记自己置身东京——世界上最繁忙的大都市，不知今夕何夕。

酒店外的江户川河岸遍植樱树，在春天是东京很受欢迎的赏樱地。酒店礼宾部还提供江户川跑步地图，绕酒店跑一圈不到 2 公里，十分轻松。据说爱跑步的村上春树，在椿山庄近旁的早稻田大学就读文学部戏剧科时，就住在椿山庄边上的和敬塾。不知村上是否也曾在河岸留下奔跑的足迹？

凯彼德：隈研吾力作

位处东京都行政中心的凯彼德有一段辉煌前世——它的前身为1963年开业的东京希尔顿酒店，曾接待国内外多位政界高官，1966年披头士乐队第一次（也是唯一一次）在日本开演唱会，也下榻于此。1983年，东急集团与希尔顿期合约满后酒店更名；2006年又请隈研吾出手重新设计，随后它成为这位当代建筑大师最受瞩目的日本酒店作品之一。

西式客房里的惊喜

进入酒店客房，只见一扇障子门横在面前。典型的和式拉门大大减少了酒店的商务味，带来平静的日式氛围。拉开门，首先映入眼帘的是窗外城市景观——长达6米的玻璃窗提供了开阔的视野，从我这一侧的客房望出去，能看到摩天高楼包围中的日枝神社（日本三大祭之一山王祭的举办地）。

穿过浴室和盥洗台之间的通道便是更衣间，更衣间右手边又有一道拉门，拉开门，则又回到了客房玄关，正好走了一圈。这种回形结构的客房，继承了传统日式住宅的活动流线设计。而第一道门并不仅仅是营造和风的摆设，它更起到区隔大空间的作用，分开了卧室与卫浴空间、更衣间和Mini Bar。门打开，房间显得很通透宽敞，在浴室也能沐浴到自然光线；门拉上，为浴室和卧室提供彼此的隐私空间——至于空间怎么分割，则交给客人决定。设计师隈研吾让和式拉门、回形结构、玻璃、木材和纸配合得炉火纯青，在客房里营造出一个自然流畅的空间，让室内空间浑然一体，轻盈又安稳。

斗拱天花板

隈研吾的设计巧思，自然不只局限于客房之内。酒店正门位于一道斜坡上，由一排翠竹掩映着，私密性十足。模仿传统建筑的低倾斜度屋顶上方和屋檐下，都装饰着隈研吾式的“栅栏”。隈研吾曾在采访中表示："这是一幢高层建筑，但我想在外观上保持和低层建筑同样的外观。例如，我想使用石头来打造建筑物的表面。”为了能把高层建筑的石头表层做得足够薄，最终，他把大楼外立面处理成细长的石栅栏，而它们也成了木栅栏屋顶的纵向延伸。

进入大堂，位于水池中的花艺作品相当显眼：修长的竹篾或伸展或曲折成圆，形成奇妙的平衡感。透明轻盈的玻璃扶手楼梯又将视线引向天花板，无数片轻薄的木板横竖错落交叠，显然灵感来自古建筑里的斗拱，但实际上并不承重，造型也比斗拱轻盈得多。这个斗拱天花板堪称隈研吾留给凯彼德最具代表性的设计。木板从天顶延伸到墙壁，于是，木板、竹篾、水池和透明玻璃墙外的竹林、池塘连成一片——设计师将室外的自然气息穿墙请了进来。

酒店的西餐厅 ORIGAMI 也被水池环绕着。水池中的灯是微缩五重塔造型。此时下起小雨来，在水面激起一圈圈的波纹，池中青翠的荷叶荡漾，与五重塔一动一静。我默默看着这幅画面，竟想起京都的寺庙来。

“过去的几年，在东京有许多新的旅馆投入使用，但几乎没有一个有花园和池塘。我希望设计一个能使客人实际感受到花园存在的旅馆。”隈研吾曾如是说。这个怀抱着半座酒店的清浅池塘一直延伸到酒店正门外，跨过石桥，石头小路引我走向竹林深处的石灯笼，这才是真正的曲径通幽。

东京东急凯彼德酒店
ザ・キャピトルホテル
東急 東京都
www.tokyuhotels.co.jp/capitol-h
房间 2900 元起

大堂的斗拱装饰是隈研吾的标志性设计

住进梦幻花园

文○蔡丸子

图○蔡丸子、视觉中国

○ 薰衣草花园

玫瑰迷宫

Lies 的玫瑰民宿 Loverlij，距离可爱的小城布鲁日只有 20 分钟的车程。Loverlij 意为阴影中的绿意与水波，顾名思义，庄园中有一条小河环绕着整座花园。

从花园里的植物到窗帘的图案，再到卧室挡门用的石头，Loverlij 的一切都以玫瑰为主题。庄园中的花园就像是一重重的玫瑰迷宫，令人惊叹——柔软的玫瑰枝条形成拱门，引导你穿过一座又一座的花园。

房间布置具有浓厚的复古乡村气质，并且每一间房间都与众不同，其中几间甚至还拥有自己独立的小庭院。客厅中摆放着介绍 Loverlij 家居、花艺的杂志，什么语言的都有。在这儿，你还会品尝到女主人每日亲手烹饪的丰盛早餐。

高光时刻是在 6 月底，因为全部玫瑰都会在此时盛放。Loverlij 整体面积为 2 公顷，但住宿房间只有 7 间，平时也仅有 3 间对外开放（团队预约除外）。

Loverlij 周围遍布农场和树林，在清晨的微风中散步时，能隔着铁丝网看到野鹿、野兔和野鸡。至于不远处的古老小城布鲁日，可以租辆自行车骑行前往，沿着护城河的林荫道还可以一直骑行至另一座小城达默。

Loverlij

布鲁日，比利时

官网：www.loverlij.be
地址：OudeGis-telsteenweg8，8490Snellegem（Jabbeke）
价格：800 ~ 1200 元 / 晚
最美季节：6 月至 8 月

○ 玫瑰迷宫

森林深处的古堡

Schloss Wartegg

圣加仑，瑞士

官网：www.wartegg.ch

地址：Von Blarer Weg，9404 Rorschacherberg

价格：900 ~ 2800 元 / 晚

最美季节：5 月至 8 月

圣加仑郊外的施洛斯瓦特台歌酒店（Schloss Wartegg）隐藏在森林深处，是一座皇家森林古堡。这里的花园最早属于一位流亡的公爵夫人，之后她逐步扩大城堡的范围，并修建了另一座相连的英式公园。如今这里是一处静谧的高级酒店，内部别具一格的花园曾获多个专业园艺评选奖项。

穿过森林小道，我来到一处精美的花园纪念碑，奥匈帝国最后一位皇后齐塔曾在此处散步。在彩色的蜂房，你会看到采蜜归来的飞舞蜜蜂，以及淙淙的溪流。花园最佳观赏季节为春季，不过金秋时节也别有一番韵味。在这里，可以跟园丁们攀谈几句，或是与同为园艺专家的厨师来一次野草之旅。花园讲求自然活力有机农耕，曾得到 Demeter 有机认证，以种植各类可食用蔬菜、花朵为主，并为酒店内的慢食餐厅专供食材。

从花园可以远眺博登湖，不远处则是圣加仑小城。除了一座气势恢宏的巴洛克式大教堂，圣加仑城内还有一座建于 1758 年的修道院图书馆，被称为欧洲最美图书馆，整座建筑庄严典雅，精美的图案和浮雕至今回想起来都还是感到震撼。小城建筑的阳台飘窗都很有艺术特色，各有不同，也代表着当时这家住户的身份地位。

风吹过的庭园

位于富良野的 Prince Hotels & Resorts 很特别，附带一座由高尔夫球场改建而成的著名花园——风之花园。这儿盛放的花朵随着季节变换而改变。如果你要去北海道旅行，那么这座酒店值得一试。

这座花园是为富士电视台 50 周年台庆剧《风之花园》而创作的，在剧集拍摄完成后对公众开放。为拍摄这部剧，出生于北海道的编剧仓本聪特意邀请了同乡上野砂由纪来设计这座花园。花园耗时 2 年才落成，种植了 450 多个品种的 2 万多株植物，而电视剧每一集都以一种花草为名。

花园是一座英式自然风格花园，种植了大量宿根花草，小径两旁种植有风铃草、玫瑰、蜀葵等数百种适合北海道的花草，风景温暖而治愈，又有着典型的日本北国特点。从酒店大堂出发，乘摆渡车可直达花园，进门处的公告牌会显示当日开花的花草名字。

酒店所在的富良野是北海道著名的赏花胜地，那里四季分明，有雪峰、

Prince Hotels & Resorts

○ **北海道，日本**

• • • • • • •

酒店官网：www.princehotels.com/newfurano/zh-cn

地址：076-8511 北海道富良野市中御料

价格：1340 ~ 3930 元 / 晚

花园官网：www.princehotels.co.jp/furano-area/summer/garden

花园开放日期：4 月 27 日至 10 月 14 日 8:00 ~ 17:00（最终入园时间为 16:30）

门票价格：成人约 50 元 / 人，7 ~ 12 岁儿童约 30 元 / 人，7 岁以下儿童免费

最美季节：5 月至 10 月

○ 北海道庭院

森林和河流，以及颇具盛名的美瑛花田、上野农园、富田农场等。每年5月，各色花草就开始在富良野盛开，整个丘陵斜面布满了紫色薰衣草。除了浪漫的风之花园，附近还有一系列由小木屋艺术店组成的散落在森林中的“森林精灵台”。

苹果岛上的豪宅

澳大利亚最南端唯一的岛州塔斯马尼亚有着洁净的空气、新鲜的海鲜，因种植面积广大的苹果园又被誉为“苹果岛”。霍巴特花园民宿（Corinda Collection）就位于其首府霍巴特城内，距离机场约20分钟车程。

这是一栋拥有100多年历史的古老豪宅，内部已全部做过翻新处理，颇具艺术感。现主人Julian的高祖父曾担任霍巴特市长，在此之前从事木材生意，家境颇为殷实。1880年，他建造了这栋位于霍巴特最佳地段的私人别墅，这也是附近最大的建筑之一。其中的花园翻建于1990年，是比较典型的法式花园。

温和宜人的气候，让花园内的秋牡丹、耧斗菜、金盏花和唐松草等能够在同季开放。在这座花园民宿内，你既可以选择入住主楼的公寓房间，也可以选择独栋的房间。主楼一侧还有一栋鸽子别墅，住着一种起源自印度、后传至苏格兰的扇尾鸽。

这间花园民宿，距离塔斯马尼亚皇家植物园步程仅20分钟。植物园于1818年成立，是澳大利亚第二古老的植物园，展示着来自世界各国的植物收集品。除了种植种类繁多的当地植物，皇家植物园还陈列了众多来自亚欧的树木花草。

稻田里的酒店

清迈古城的街道上总是车水马龙，热闹的小吃摊吸引着兴高采烈的游客们。老城内的民宿闹中取静，性价比非常高。但如果只想安静地休息，体验酒店本身的各种设施，那么不妨去试试城外的高端度假酒店——四季酒店（Four Seasons Resort Chiang Mai）。它坐落于湄林山谷的水稻梯田中，由一大片兰纳王朝风格的建筑组成。

○ 霍巴特花园民宿

Corinda Collection

塔斯马尼亚，澳大利亚

·······

地址：17 Glebe St Glebe，Hobart，Tasmania 7000

价格：980 ~ 1900 元 / 晚

最美季节：9 月至次年 3 月

稻田是酒店最重要的景观，也是它的“花园”，拥有景观的韵味和意境。客人可以从无边泳池、下午茶专区等各个角度俯瞰整个稻田景观，还可以通过酒店专门设计的“感官自然小径”体验漫步稻田的感觉。如果你有幸在农时前往，还可以穿上酒店提供的泰国传统服饰，到田间亲自体验种植水稻的乐趣。

酒店根据季节提供相应的四季茶饮（例如，夏茶是东方美人乌龙茶），引得许多客人专程赶来品尝。

湄林位于清迈古城的西北方。这里群山延绵数里，大大小小的村落点缀其间，星罗棋布。梦境山宛若梦幻仙地，是当地人爱去的休闲地之一。自驾或包车都可以到达这里，在山水相依的湄林，能感受到泰北山林最原始纯粹的自然气息。

清迈四季酒店

清迈，泰国

官网：www.fourseasons.com/thailand
地址：502 Moo 1，Mae Rim-Samoeng Old Road，Maerim，Chiang Mai
价格：每晚 4000 元起，家庭公馆及多房间别墅每晚 10,000 元起
最美季节：5月至 11 月

清迈四季酒店

○ 鲜花盛开的旧金山半月湾

Mill Rose Inn

加州半月湾，美国

········

官网：millroseinn.com
地址：615 Mill Street，Half Moon Bay，California
价格：2700 ~ 3500 元/晚
最美季节：3月至10月

海滨小镇的英式乡村花园

这家店所在的半月湾位于旧金山以南约50公里处，是个面向太平洋、状似半个月亮的美丽海湾。旅店距离 Mavericks 海滩约4公里，海景并非它的取胜点，周围环绕的英式乡村花园才是。

穆勒玫瑰旅馆（Mill Rose Inn）是一家拥有40余年历史的浪漫精品小旅店，共有6间客房，每一间都以一种古典玫瑰命名。客房的布置也是以复古的奢华玫瑰为主题，所以这儿获得了不少寻找婚礼地点的新人的青睐。前后两座花园各有千秋，前花园明媚缤纷，有绣球凉亭、玫瑰花境，客人们都爱坐在花丛中喝茶闲坐；后庭则草木幽深，有隐秘的庭园 SPA 区，高高的庭树上挂着随风飘摇的纸灯笼，看起来格外浪漫。

蔚蓝的大海、金色的沙滩、斑斓的野花海岸，组成了迷人的半月湾景色，运气好的话还能在大海中看到从墨西哥湾一路迁徙去往阿拉斯加的灰鲸。每年4月中旬，盛大的“海岸野花节”在此举行。此外，半月湾还拥美国西海岸著名的冲巨浪之地“小牛”（Mavericks），吸引着世界顶尖的冲浪者来此一试身手，电影《冲浪英豪》（*Chasing Mavericks*）就是以此为背景拍摄的。

Steigenberger Inselhotel

康斯坦茨，德国

酒店官网：www.steigenberger.com

酒店地址：Auf der Insel 1，78462 Konstanz

酒店价格：1340 ~ 3200 元 / 晚，预订 1140 ~ 2700 元 / 晚

曼瑙岛官网：mainau.de

门票价格：成人约 165 元 / 人；学生（12 岁以上）约 95 元 / 人，12 岁以下免票；家庭票约 330 元

私人小岛上的修道院花园

优越的地理位置、宜人的气候和优美的风景，使康斯坦茨成为博登湖地区最受欢迎的度假胜地。施博阁度假酒店（Steigenberger Inselhotel）本身是一座私人小岛，距离著名的曼瑙岛也仅20分钟车程。

酒店前身是一座修道院，本身就是独特的历史古迹，同时还是绝佳的湖景观赏地。隔湖而望的曼瑙岛漂浮在博登湖中，虽然面积仅45公顷，但岛上种植了各种各样的花草树木，被热爱园艺的德国人比作天使之岛。曼瑙岛就是一座巨大的花园，岛上分布着森林、葡萄园、花园和宫殿。最吸引旅行者的是建于13世纪的巴洛克城堡——棕榈树宫，以及德国最大的蝴蝶宫。如果你在合适的季节去拜访，就会看到玫瑰、蔷薇、紫藤等竞相开放。此外，岛上还饲养着很多可爱的动物。

博登湖地区是一个放松休闲、享受大自然的度假胜地，来到这里可以参加游泳、游船、水上运动、骑行、徒步等多项活动。周边有很多浪漫小城，例如林道、康斯坦茨。沙夫豪森著名的莱茵河瀑布、乘坐热气球都是不容错过的体验，此外一定要享受一餐当地美味诱人的鱼菜。

○ 酒店不远处的曼瑙岛

王公贵族下榻的花园

格罗宁根城偏居荷兰一隅，是荷兰最早的大学城之一。秀丽的风光、宜人的气候使这座城市成为人们热爱的夏季出游目的地。普林森霍夫酒店（Prinsenhof Hotel）坐落于市中心，拥有一座著名花园，还是王公贵族们的下榻首选。

酒店最早为15世纪的宗教团体所有，直到2005年才被改造成酒店。34间客房在尺寸、布局和历史细节等方面各不相同，但内部都已经安置了现代化设施。如果入住顶层的复式阁楼套房，不仅能看到拥有数百年历史的横梁，还可以俯瞰整座酒店巨大的花园。Prisentuin花园建于16世纪末，设计规整、庄严大方，其中以鹅耳栎绿篱形成了巨型的碗状结构，别具一格。园中用红豆杉绿篱拼出的“W”和“A”是时任总督夫妇的姓名首字母。花园内的灌木与花草是精心配植的，让人从不同角度能欣赏到不同景色。花园白天对所有人开放，单设的咖啡角专供游人休憩。

酒店距离中央市场广场上的地标性建筑马提尼塔仅一步之遥。马提尼塔于1482年建成，高96.8米，是欧洲当时最高的建筑。每到周末，广场附近还有特别热闹的市集；站在酒店旁的运河边，可以看到人们坐在来往的船只上惬意地喝酒。

Prinsenhof Hotel

格罗宁根城，荷兰

官网：www.prinsenhof.nl
地址：Martinikerkhof 23，9712 JH Groningen
价格：1315 ~ 2855 元 / 晚
最美季节：5月至9月

○ 格罗宁根的地标建筑马提尼塔

隐于竹海

三棵树庄园

安徽，中国

官方微信订阅号：三棵树庄园

地址：安徽省马鞍山市花山区濮塘风景区幽谷路

住宿价格：

688 ~ 1500 元 / 晚

最美季节：4 月至 6 月

安徽省马鞍山市的三棵树庄园隐逸于一片竹海之中，这里是濮塘风景区核心处，离南京机场不过 35 公里。

三棵树庄园原是林场花房，周边还有大片的原始森林。天然的泉水汩汩流过，被引流入园形成溪流，又汇入泉水泳池中。庄园内有三棵百年冬青树，“三棵树”由此得名。园内植物以适合当地生长的原生植物为主，花树、花灌木、宿根等各类花卉错时开放，足以从 3 月赏到 11 月。每年“五一”前后，长百米、高三四米的蔷薇花会开成一片瀑布，花期长达半月之久；之后迎来三角梅的盛放，这种花经历了寒冬的历练，只见花朵不见叶。

被竹林和红叶包裹的濮塘风景区

住客可以随意参观这座花园，而普通游客则须买票进门。三棵树庄园建筑以欧式风格为主，又因地制宜地结合中式素材，追求古朴境界与自然风格，多样的房型非常适合休闲度假。庄园内设有咖啡厅、私房餐厅，供前来赏花的游客落座，品尝现磨咖啡与时令美味菜肴。

由于周围全是竹林，所以最有趣的活动当属挖竹笋，主人会在亲朋来访之时带着大家现烤竹笋。从 11 月中旬一直到次年 5 月，访客可从冬笋挖到春笋。5 月下旬雨季之后，这儿还会有竹荪，不过找到它需要一点运气。清明前后至 5 月中旬，还可以采茶。

童话树屋

北京，中国

官网：www.yunfengshan.com
价格：758 ~ 5888 元
开放时间：每年 4 月 1 日至 11 月 15 日
最美季节：6 月至 7 月，薰衣草花季
预订信息：每年分 3 次开放预订，分别是 3 月 1 日、6 月 1 日和 8 月 1 日

山林深处的奇趣妙想

云峰山童话树屋位于北京东北部的静谧山谷中，南眺密云水库，北依雄伟燕山。一座千年古刹和 550 亩天然森林为它加持，如今这里最著名的当属散落在山间的 21 栋“童话树屋”。

每一栋童话树屋都充满奇趣妙想，拥有与众不同的主题——带尖顶的仙杜拉城堡、自带滑梯的杰克魔豆、架于橡树上的梦幻岛……其中的几栋树屋甚至有橡树从室内穿过！

除了自带娱乐元素，每日 3 场的森林课堂让孩子可以和家长一同探索森林美景与动植物。云峰山上有 10 亩英式花园风格的薰衣草园，种着与法国普罗旺斯同品种的英国狭叶薰衣草。每年 6 月底至 7 月初，紫色花朵渐渐开放，整座山谷氤氲着薰衣草特有的迷人香气。童话树屋下方的东禅院因高性价比而颇受欢迎，建议预订。

童话树屋所在的云峰山景区位于山林深处，山下有一座燕落村，而山上几天也转不完。建于隋代的朝圣庵距今已有千年，每日晨钟暮鼓，爬到“无尽意台”可以俯瞰整个密云水库，到达“十八盘”则需要一定的体力和时间。

星行客 · 旅行没有方法论

星行客 Planet Seeker 是中国地图出版社旗下旅行·生活·文化品牌，拥有雄厚的旅行内容资源。“旅行没有方法论”系列图书由《孤独星球》杂志值得信任的作者采写，记录当下新鲜、特别的生活方式，推广积极乐观的生活态度，分享花样百出的旅途故事，相信每个人都有自己面对旅途的方式，也都能在旅行中找到属于自己的乐趣，旅行没有能作为唯一准则的方法论。

星行客一直致力于让你所爱的世界离你近一点，再近一点。勇敢的旅行者、智慧的生活家，一路同行，我们始终乐意与你为伴。

星行客，探索不设限！

Planet Seeker, Universal Rover.

总　　编　朱　萌

责任编辑　林紫秋

编　　辑　叶思婧　李偲涵

装帧设计　艾　夏　李小棠

感谢李潇楠为本书提供的帮助。

旅行没有方法论·泡
LUXING MEIYOU FANGFALUN·PAO

图书在版编目（CIP）数据

泡 /《孤独星球》杂志著 . -- 北京 : 中国地图出版社 , 2022.6
（旅行没有方法论）
ISBN 978-7-5204-2017-4

Ⅰ.①泡… Ⅱ.①孤… Ⅲ.①游记-世界 Ⅳ.①K919

中国版本图书馆 CIP 数据核字 (2022) 第 064566 号

出版发行 中国地图出版社
社　　址 北京市白纸坊西街 3 号
邮政编码 100054
网　　址 www.sinomaps.com
印　　刷 北京华联印刷有限公司
经　　销 新华书店
成品规格 169mm × 239mm
印　　张 15
字　　数 240 千字
版　　次 2022 年 6 月第 1 版
印　　次 2022 年 6 月北京第 1 次印刷
定　　价 68.00 元
书　　号 ISBN 978-7-5204-2017-4